名师名校名校长

凝聚名师共识
回应名师关怀
打造名师品牌
培育名师群体

程晓逵

跟维克多一起成长

付丽旻 著

东北师范大学出版社

长春

图书在版编目（CIP）数据

跟维克多一起成长 / 付丽旻著. — 长春：东北师
范大学出版社，2019.1
ISBN 978-7-5681-5446-8

Ⅰ. ①跟… Ⅱ. ①付… Ⅲ. ①家庭教育 Ⅳ. ①G78

中国版本图书馆CIP数据核字（2019）第019764号

□策划创意：刘　鹏
□责任编辑：张新宁　张　露　　□封面设计：姜　龙
□责任校对：刘彦妮　张小娅　　□责任印制：张允豪

东北师范大学出版社出版发行
长春净月经济开发区金宝街 118 号（邮政编码：130117）
电话：0431-84568033
网址：http：//www.nenup.com
北京言之凿文化发展有限公司设计部制版
廊坊市金朗印刷有限公司印装
廊坊市广阳区廊万路 18 号（邮编：065000）
2022年6月第1版　2022年6月第1次印刷
幅面尺寸：170mm×240mm　印张：11　字数：189千

定价：36.00元

我们一起成长的故事

写了一年的专栏文章终于要结集出版了，有点激动，还有点忐忑。

最初写家庭教育专栏的动因之一是看到太多的父母很焦虑，所以我希望能用自己的专长做点实实在在的事，正好遇到了有想法的哈菲少儿公众号年轻的小伙伴们。一年的时间，其实我是收获最多的那个人，有人跟你一起做有意义的事，涓涓细流中，我们汇聚着力量，得到那么多读者的支持和信赖，促使我不敢倦怠，一直笔耕不辍。动因之二是作为母亲很私人的想法：这辈子总该留下点什么给我亲爱的孩子，让他知道陪伴他成长的每一天都值得回顾，值得纪念，都是我们的财富。写一本书给他，这个想法从送他去美国读书开始就萌芽了，看着高高大大充满自信去面对自己未来的孩子，那是他自己选择的未来，我甚至都不怎么了解，但是我心里充满祝福和感恩。因为有了孩子，我变得勇敢而坚强，变得从小资的自我中觉醒，关注更广阔的世界，我不知道我的孩子未来面对的世界会怎么样，我只是想做他身后的港湾，让孩子知道，累了就回家，充好电依然可以出发；我不想帮他做决定，我知道他其实不属于任何人，来到这个世界，他就是独立的，我只是有权利陪着他一起成长的那个人。

维克多一直是这个专栏忠实的读者，偶尔也会在留言区留言评论一番，很多时候我在想：还好，我从来没想过左右他的思想，因为他的思想一直"站"在比我高远的地方；还好，在他成长中我没有那么急功近利，没有刻意把孩子打造成我期待的那样。就像在写这个序言的时候，我跟维克多说："你帮妈妈的新书写点东西吧。"他在微信中快速地打了一行字问我："需要什么风格的？"我说："你自己感觉舒服的文字风格就好。"一个小时后他发给我一大段文字，通篇充满了理性的思考。

年轻的维克多认识到，家庭教育的本质是幸福教育，是心灵成长的教育，是必须量身定做的个性化教育，他甚至还担心读者误读我的初衷：这些案例只是提醒大家，其实遇到问题的时候，没有捷径可走，没有宝典，需要父母细细思量，然后根据自家的实际情况，选择合适的方式进行亲子教育。

但有生活之笔，方铸幸福之花

维克多

亲子教育这一课题，从来都是最"高大上"，也是最接地气的。奈何环顾周遭，并无一系统性教育流程，以致父母于合格之段位。大凡父母教育理念，尽靠口传眼观自察，并无一概。而父母经历不同、眼界不同，又使其亲子教育理念千奇百怪，或不察不悟，或察而不悟，或错悟。

父母凡欲修习亲子教育，多靠观察模仿，此人之天性所致。远察孟母三迁，中观自身父母所为，近观周遭同龄所为，然世间纷繁，人不可尽察，以致慌乱之下囫囵吞枣而不自知。且人但有所依，皆易成惯性，然则画地为牢，以致失亲子教育之本心。

亲子教育之本质为何？是幸福教育，是对孩子心灵成长之教育，是量身定做之个体化教育。而学校教育之本质，是社会化教育，是技能化教育，是使人系统化之教育。很多父母不能有效区分其中区别，以致南辕北辙、缘木求鱼。

凡学习之事，皆有三步：其下学形，其次破形为意，其上化意成心。本书所具亦为此三者，提供案例，对案例求解，对解再求解，立心立意。

世人学习孟母三迁，为何三迁？因为不好的学习环境会影响孩子。为何会影响孩子？因为孩子的天性是爱好模仿与充满好奇的。为何孩子好奇与模仿？因为这是哺乳动物社会化与技能化的天性。仅此一案例，下乘的教育学形，单单把孩子关起来；中乘学意，告诉父母可以诱导孩子的好奇心；上乘学心，告诉父母人心可逆，但有代价，如无必要，应务求"下令如流水之原"。如不求甚解，则教育之事往往事倍功半。

成功的教育经验未必是正确的教育经验；正确的教育经验如果不正确运用，同样会造成错误的结果。但教育最忌讳的就是短视与盲视，最忌讳走捷径。今日过分地强调家长权威，就是通往来日孩子不自信的捷径。今日过分地束缚孩子的天性，就是通往来日缺乏工作创造力、泯然众人的捷径。

《独立宣言》的开篇说，每个人都有追求幸福的权利。是呀，社会只是提供追求幸福的平等机会，社会从未保证过每个人未来的幸福。孩子的幸福，从来都是靠父母去保障的。而怎样保障幸福，是人类社会的最大课题之一。本书也不能完全讨论，只求能作为各位父母前进道路上的一块基石。

是的，那么就像维克多所说，但愿这本书是你前进道路上的一块基石，垫垫脚，走向属于你们的远方，我更愿意听到读者的故事，记得来我们的公众号，分享你的家庭教育故事，倾诉你的烦恼和遇到的问题，让我们一起面对，一起成为自信的家长和幸福的家长。

你们忠实的朋友：付丽旻
戊戌年仲秋于上海

目录

"规则"让亲子沟通更顺利

几乎每个孩子小时候都会对玩具表现出极强的占有欲，儿子也不例外。从婴儿时期我的一些做法让他懂得了哭闹不能达成任何目的之后，他开始尝试用另外的、更智慧、更以情动人的方式试图来打动我，以达成自己的想法。

记得当时我们有一个约定，每个月只能买两个玩具，但是这两个玩具可以由他自己来选择，他很痛快地答应了。那时候，我每天从幼儿园接他回家，如果走近路，需要穿过一个很大的市场，这里主要经营项目是玩具和儿童食品，这就意味着每天我们都要经历面对诱惑和抵制诱惑的过程。最初，他试图通过央求进而用热切的眼神表达对新玩具的渴望而没有得逞之后，四岁的维克多开始跟妈妈斗智斗勇了。

智"斗"妈妈

有一天，当我们再次走过这里，儿子轻轻拉住我说："妈妈，一会儿你要拉着我的胳膊走路，我的两只手要捂住自己的眼睛，因为我们这个月的两个玩具都买过了，是不是不能再买新玩具，只能等下个月了？可是我不能看，因为只要看了我就还想要，可是今天妈妈不会同意给我买新玩具，是吗？"

我蹲下来说："这个主意不错，妈妈就弯下腰来拉着你的胳膊慢慢走，你现在捂住眼睛了吗？我们可以走了吗？"

他当真用胖乎乎的小手捂着眼睛，我弯着腰拉着他异常艰难地走过了那段路。用"艰难"这个词来形容当时的情形一点都不过分，因为面对不哭不闹这么智慧且委婉地跟妈妈表达自己想法的孩子，作为妈妈很难坚持自己最初约定的规则，但是我还是坚持着按照他的要求拉着他走过去了。当我说："好了，你可以睁开眼睛，因为玩具店那段路已经走过去了。"我观察到他的眼神中有点不甘，也有点委屈，但是没有哭闹。那天，我允许他选择一块奶油蛋糕作为对坚持规则的奖励，他的表情缓和了很多。

晚饭后，当我在整理厨房的时候，他跟爸爸讲了这件事，依然在寻找"支持者"和"同盟军"。而且用了这样一句话结尾："妈妈是不是有点狠心？我都想出那么好的办法了她都没动心。"当晚等他睡着了，看着睡梦里孩子天真可爱的脸庞，其实我也有点难过。儿子跟爸爸"告状"的时候，还好爸爸没有当时表态，只是说："我一会儿问问妈妈怎么回事。"孩子睡着之后，那个爱孩子爱得没有原则的爸爸开始赤裸裸地表达他的心疼和不满了："我儿子都那么懂事了，你怎么能狠下心来就是不给他买呢？"

如果还原我当时的心路历程，我大概是一方面觉得孩子面对那么多玩具的诱惑，应该慢慢学会节制，因为我知道，每个人长大的过程中都会通过不同方式最终知道：这个世界很大，有太多美好的事物，可是我们真正能拥有的只是一部分，其他的远远地看着欣赏就好。还有我们约定了那个规则，就必须坚守，如果轻易就破坏而不去遵守，那么在孩子看来，这些东西就没那么值得敬畏，这件事的破坏力显然会更大。

有趣的不只有玩具

第二天，我再去接他的时候，没有急着回家，而是带他在幼儿园跟小朋友们玩了好一会儿的滑梯，孩子很开心，玩得满头大汗。等他休息的时候，我抱着他说："滑梯是不是也很有意思？而且可以跟小朋友们一起玩。"他开心地点头。"你这么喜欢滑梯，怎么没有想过把它搬回我们家呢？"宝宝笑了妈妈的异想天开之后认真地说："不是我们的，所以我们不能拿，再喜欢都不可以，如果有人搬走它，小朋友们会很难过的。"

"滑梯放在这里，即使不玩，看着是不是也很开心呢？"我尝试着用四岁孩子能懂的语言来跟他沟通，以弥补他昨天的不甘。

"是呀，不是所有的东西都要拿回家呀。"孩子开心地说。

"那么，一会儿我们再经过玩具市场的时候，你其实不用捂着眼睛，妈妈可以陪你好好看看，那么多好玩的、好看的玩具，看着也是很好的事情啊。还有，我们很认真地看过，下周我们就有新的指标可以买新玩具了，那么你就可以把自己最喜欢的买回家了，这是不是很开心的事呢？"宝贝欢呼雀跃着，觉得这真是一个好主意。等他一路浏览过去，既有阅尽美景的心满意足还有为下次买玩具挑选的负责精神的时候，我发现我和孩子开始对昨天那件事释怀了。

懂"规则"的维克多

后来等他读小学开始，我们每个月设定了买课外书的额度，之所以制订这个规则，是因为我观察过很多孩子，他们在买书的阶段很热衷，但是很难完整地读完。为了鼓励他阅读，我们约定：把每个月购置的限定额度内的书籍认真地阅读完，并跟妈妈进行交流之后，才可以买下个月的份额。

等到上初中之后，他的阅读面更宽了，我们商量的额度增加了很多，但是还是经常遇到一些心仪的、整套的书籍超过他的预算。我们就一起商量办法来完善之前的约定，比如，获得数学竞赛的市级一等奖，作文在全国比赛中获奖，或者在学校每天主动搬大桶的纯净水送到教室，或者课后帮助老师辅导其他同学等，有一定数量的类似好事，我们就可以把本来当月不能都买回来的书籍作为奖励买回来，他还主动表示将其都阅读完后，会写读后感跟妈妈交流，以作为呼应，妈妈也用文字的方式回应他的读后感。通过这样的方式，不仅可以进行亲子阅读，而且可以促进孩子很多方面的能力，包括助人为乐情怀的提升。

等到他19岁去美国读书，我依然让他每学期开学前跟我报预算，会根据他的预算额度略多给一点钱作为奖励，如果有额外的需要，他需要跟我报备。而懂事的维克多每次回国的时候，都会用这部分钱给家人买礼物。这些能力和生活习惯显然对于一个学习经济和金融专业的孩子来说，是一件很平常的事情，但是这个好习惯会让他受益一生。

这些不同阶段的规则和我们对规则的遵守和不断完善，使得我们的亲子沟通一直比较顺畅，现在的大小伙子维克多已经是25岁的青年了，但是回国度假的时候，依然可以跟妈妈一边散步一边说很多自己的事情。母爱其实可以无条件，但是需要有原则。会爱，比盲目的爱，对孩子、对自己都更有价值，我们才能跟着他一起成长。

小哈有感

有人说，孩子本该是自由的，太多的条条框框和规矩会过于约束孩子，影响孩子的发展。可我们也应该知道，自由是相对的，真正的自由必须以自觉遵守规则为前提，设立规则的目的是帮助孩子更好地成长。

付老师的第一篇文章分享了她和维克多关于"规则"的小故事，字里行间不难读出她在育儿之路上也曾有过小困扰。但在伟大的母爱面前，还有什么问题是解决不了的呢？她没有为此焦虑，更没有把自己的焦虑转嫁到维克多身上。

付老师明白，对孩子规则意识的培养，是一个漫长、渐进的过程。她爱维克多，希望用最柔和、孩子最能接受的方式把成人社会的"规则"教给维克多，这样的母亲温柔且智慧。

细心的爸爸妈妈应该发现，付老师和维克多之间的规则，都是在商量、达成一致后才制订出来的，让孩子参与制订规则，这与命令式的规则大有不同，付老师选择的方式最大限度地尊重了孩子的人格，培养出有独立主见的维克多的同时，也维系着最和谐友爱的亲子关系。

"体验"比说教更有效

"你要学会分享""你让她玩一会儿""和叔叔打招呼""跟阿姨说谢谢"……这些话是很多家长经常挂在嘴边的。我们习惯了用自己的经验去指导孩子，比如，当其他人帮助了你需要说"谢谢"，自己力所能及的事情要自己做，不能用哭或喊来表达自己的需求，而是要用语言或者动作来表达。但是大家有没有想过，这些你觉得理所当然的事情，对孩子来说只是你的训斥和命令，他可能无法理解这样做的意义。那究竟该如何做才能让孩子深刻地理解这些道理呢？让付老师用"分享"破题，讲讲她和维克多的"体验"之旅。

让独生子女感受到分享的快乐，才能帮助孩子克服"一切好东西理所当然都是我的"的错误认知。单纯的说教很难达成这个教育的目标，从体验到最后认知发生变化，会更符合孩子成长的规律。这个体验需要父母用心创设情境，弥补独生子女的成长缺憾，学会分享，学会考虑别人的感受。

初露端倪，深思熟虑后再行动

维克多五岁左右的时候，我记得那是个周末的下午，我们散步回来，想买点东西带回家准备下午茶。我和爸妈带他去了社区的小超市购物，我说："我们每个人可以选择一份吃的。"妈妈选了一罐银耳百合冰糖的补品，爸爸选了一包点心，儿子看看外公外婆选择的商品，然后几经犹豫后选择了一包很脆的、青豆制成的儿童食品。

上楼之后，我在准备红茶，听得到客厅里维克多和外公外婆的对话，他先是问外公可不可以分给他几块点心，外公说可以，他开心地说："外公，我拿青豆跟你交换哦。"然后又转向外婆，希望用自己的青豆交换外婆的银耳百合羹。我不用看都能知道那个画面，外公外婆此时一定是用满脸的笑意看着这个贪婪的小孩认真地吃东西。尽管父母都是教育工作者，但是隔代人的特殊感情依然让他们随时都可以变得没有原则，无限度宠爱这个孩子，这其实是我一直担心的事情。我已经发现一个问题，就是每当孩子外公外婆或者爷爷奶奶来家里的时候，维克多就没有平时那么乖。尽管意识到问题的症结，但是如果在父母面前教育他或者提醒父辈不能这么娇惯他，估计基本没有效果，他们依然会我行我素，甚至变得不可控，父母会觉得我小题大做，而小朋友会依仗着祖父辈的宠溺变得有恃无恐，这样的教育应该是无效的。

怎么办？在我没有想出更好的办法之前，我还不能做什么。等我端着茶水走进客厅的时候，我的宝贝儿子凑过来小声跟我说："妈妈，我聪明吧？我用青豆换了外婆的甜品，还换了外公的点心，其实我知道他们咬不动青豆，所以一会儿所有的好吃的都是我的，但是我会分给你的。"看着他狡黠的眼神，我觉得必须行动了。

细细谋划，苦涩与不甘只是暂时

那时候，我带的是高二年级的孩子们，我的学生们也都很喜欢他，当时的晚自习要到9：30才下课，先生忙的时候，我经常是带着孩子到学校看学生们的晚自习。第二天晚自习前，我特意买了两包他喜欢吃的手指饼干，而且特意拆开一包数好，如果给全班每名同学分发一块饼干后，维克多自己还可以剩两块。

带他进教室前，我特意跟学生们说老师要请他们帮忙，就是维克多小朋友一会儿分给他们饼干的时候，请他们一定要接受，并且一定说"谢谢"，我会让他持续分一周，但是不允许学生们给他任何吃的。我还记得孩子们说："老师，你好残忍啊，那么可爱的宝宝要被折磨了。"我把维克多带进教室，悄悄跟他说："哥哥姐姐们都很喜欢吃这个饼干，如果他一个人吃让其他人都看着，他们就没有办法安心读书了；还有他们一直都很喜欢你，所以你能不能想出好办法，让大家都品尝到这么好吃的饼干，然后让大家安心写作业呢？"

他想了一会儿，其实最初不是那么心甘情愿。不过，我前面的铺垫还是起了一定的作用，看到大哥哥大姐姐们都那么热切地等着他分发饼干的时候，他还是忍痛割爱地一路发下去，最初表情还很轻松，但是发到最后看到手上只有两块的时候，有点委屈了。我蹲下来小声跟他说："别人只有一块，你是善于分享的小朋友，所以你竟然有两块，听刚才哥哥姐姐们那么大声说"谢谢宝宝"的时候，是不是特别开心？比一个人吃要快乐？"他想想后勉强点点头，万分珍惜地吃掉了手里的两块饼干。

暗中观察，最后到来的惊喜最甜

这样的分饼干游戏持续了一周，他从其他人那里得到的只是感谢。一周之后，我允许孩子们也可以分一块自己的饼干给他，或者带他玩一会儿，或者给他讲一个故事。

我就在旁边观察着。晚自习铃声响起的时候，维克多小伙子激动得小脸通红地跑过来跟我说："妈妈，你说得真对，分享是快乐的，现在哥哥姐姐都是我的好朋友了，他们不仅分给我饼干吃，还跟我一起玩，陪我画画，我好开心。"后来这个体验游戏场景换回了家里，我们利用生活细节，让孩子深刻地感受到分享其实是一种内心丰盈的幸福感觉。

几个月后就看到了效果，我记得大家坐在一起吃水果，他细心地帮外婆剥香蕉，但是马上说："外婆别着急，我帮你换一根。"看着外婆疑惑的眼神，维克多笑眯眯地说："刚才那根可能被别的水果压着了，留给我吃吧，这个好的给你吃。因为我妈妈就是总把好的留给我，妈妈说这是爱的心意。"我还记得孩子外婆感动的样子，经过几次类似的事情，他们也不再阻挠我的各种体验教育了。

学会分享，学会从别人的角度想问题，学会悦纳他人，对孩子来说是一个积极的体验和难得的人生经验，会提高孩子快速适应陌生环境的能力，也能让孩子变得会悲悯，更善良。

陪伴成长，"体验"比说教有效

后来，我们几经从北方到南方的迁徙，脸蛋圆圆的维克多每天背着大大的书包，书包里经常带着一些自己喜欢的课外书，课余的时候就会给周围的小伙伴讲故事并跟大家一起分享那些有意思的书籍，也会带些零食，在放学的路上跟小伙伴分享。所以不同时期的维克多都有死心塌地的朋友。

幼儿园大班的时候，班级里有一个身体和心智发育迟缓的小朋友，维克多每天主动陪他上厕所，帮他洗手，如果老师忙不过来，还会喂他吃饭。

六一儿童节的时候，幼儿园进行团体操表演，老师们考虑到各种因素，没有让那个孩子参加，回家后的维克多显得很忧伤，他说："妈妈，其实他已经会做操了，我每天都教他，他很想参加啊，只是他说不清楚，还有就是，他做出来的操没那么好看，但是他已经很努力了，这样就好啦。"他抱着自己的毛绒玩具考拉不甘心地跟我诉说着。我问他明天打算怎么安慰自己的小伙伴，他选了一个自己很喜欢的玩具装在明早要穿的衣服口袋里，开心地说："我把这个玩具送给他吧，他会很喜欢的，那他就不会不开心了。"我还能记得，我每天去幼儿园接他的时候，他的伙伴都会帮他拿鞋子然后依依不舍地跟他再见；小学时每天会有小朋友特意在我家附近的车站下车，等他一起上学；初中他转学后，他的同桌很长时间不肯让老师安排新的同桌，因为那是维克多的位置，看着也好；高中的学生会主席维克多小伙子会经常忙碌到来不及吃午饭，就会有他的朋友"威胁"他说："好吧，你不吃，我们都饿着，除非你一起来吃饭。"

所以，后来他去美国读本科的时候，尽管万般不舍，但是看着我高高大大充满自信的儿子，我还是相信他能够在任何陌生的环境中都能安排好自己的学习生活，会有属于自己的朋友。帮助孩子体验分享的快乐，其实是在孩子成长的过程中，父母给孩子的一份意义深远的礼物，让他有信心面对他的未来和远方。

小哈有感

体验式教育是一种全新的培训和教育形式，其认为"体验"是一项有过程性、亲历性和不可传授性的"行为"，是一个充满个性和创造性的过程。

正如付老师在开篇所说，在家庭教育中，这种"体验"往往是需要父母用心创设的。唯有亲历过、感受过的，才会让人有更深的感触并永记于心。幼年的维克多和普通孩子一样，会因为自己用小聪明得来的一些小便宜而沾沾自喜，也许有的父母会觉得这是孩童的"可爱"，是"聪明"的一种表现而听之任之，又或是觉得孩子不懂分享而大发雷霆。我们的付老师选择了去引导，创造了一个让孩子体验"分享的乐趣"的情境，让维克多以自身为起点，通过亲身经历，完成了这一蜕变的过程。

很多时候，家长习惯凭借自己的生活经验去衡量某样东西或者某件事的价值与意义，而常常忽视孩子的想法或者事物在孩子精神层面上的影响力。在家长看来一件不起眼的事物，却可能承载着孩子内心的寄托，对于孩子走向独立、健全人格起到至关重要的作用。

各位爸爸妈妈们，无论孩子做出了让你多么生气、多么无奈的事，在那一刻，请尽量控制自己的情绪，按下暂停键，让自己静一静。想想付老师为维克多创设的种种情境，都是在深思熟虑、权衡利弊后才实施的。她明白，无论是不言不语的放任还是怒火冲天的训斥，都不能有效地解决问题，想让孩子对这些道理有更深层次的感受，各式各样的体验才是上上之选。当孩子有了真实的体验后，他们会把一个道理生动地描述给你听，他们的表达才会更清楚、更丰富、更生动、更真实。这也就是"体验"比说教更有效的原因。

如何帮孩子战胜胆怯

曾有位年轻妈妈向我求助，她的孩子面对陌生人的时候不肯说话，即使被父母要求勉强说话也是声音轻轻地，显得非常胆怯，因此妈妈很是担忧。从儿童心理发展的角度来看，五岁之前的幼儿对陌生人有一定的恐惧感是正常的，在孩子成长的不同阶段都会有不同类型的恐惧出现，诱因不同，通过成年人的正确指导慢慢都可以克服。

孩子用行为说"我害怕"

维克多也曾经出现过类似不肯跟陌生人说话的问题，而且一直持续到上小学以后。比如，小学一年级时的某一天他忘了带水，我就给他零钱，让他在学校门口的便利店买瓶矿泉水，但是他会一脸紧张地说："妈妈，我不敢，还是你去吧。"还记得当时我很沮丧地问过自己的学生们："你们是否看见过长大之后智商正常但是不敢花钱的孩子？"学生们都笑我杞人忧天，他们说没看见过，只看见过智商不正常都会花钱的孩子。

维克多15个月大的时候，我先生在读研究生，作为关门弟子，师从治学严谨、曾经留苏的学者，因此那三年的时间，只有寒暑假能够回家陪伴孩子。这段时间正是孩子快速成长和建立安全感的关键期，父亲陪伴的缺失是一个很严重的问题。但是，最初我并没有意识到孩子不敢跟陌生人说话，毕竟接触的环境是有局限的，他跟家人和幼儿园的老师和小朋友相处都没事，即使偶尔带到我学校，只要他明确这些人是妈妈的同事，那么他就会正常沟通。大一点之后可以带他出去旅行的时候，才逐渐发现了问题。最初，我们跟所有的年轻父母一样，认为只要多鼓励他就行，比如，我们也会经常用这样的语言鼓励他："你是小小的男子汉，要勇敢点。"每次这样说的时候，我能看到他眼神中的万般不情愿，但还是会勉强配合我。直到有一天，他用小手拉着我的衣角委屈地说："妈妈，要是你把我生成女孩就好了，那么我就可以胆小，就不会被要求一定要勇敢了。"我的内心受到了极大的震撼，其实成年人很难完全理解孩子内心的压力。孩子的这句话明明白白告诉我：单纯的鼓励不是好办法，非但未能帮助他克服恐惧，甚至增加了新的压力。当时我心里既难过又庆幸。难过的是自认为爱孩子的妈妈，其实没有了解孩子内心真实的感受。如果认真回忆，每个妈妈在孩子成长的过程中，都曾犯过类似的自以为是的错误。庆幸的是还好我的孩子语言表达能力很好，让我很好地了解了他的想法；还好他那么相信妈妈，他一直都相信，只要把自己的感受告诉妈妈，妈妈就会帮他一起想办法。

父母该怎么做？

可是我该怎么办呢？我们尝试了第一个办法，创造条件，让孩子在有父母陪伴的情况下，一起面对陌生人，这样能提供一定的安全感，可以减轻孩子的恐惧。比如，到公园买门票之类的事情，我们就会抱着他，让他把钱递给售票员，之前教他怎么跟售票员表达，买几张票，然后道谢。父母身体提供的安全感，以及去公园玩的愉悦和渴望，这些都会帮助孩子冲淡部分恐惧，几经实验，他不再排斥。甚至有时候还会主动说："让我买票吧，我来说买几张。"第二个方法，创造条件让他接触更多的人。先生研究生时期的校友们当时还都未成家，周末经常会到我们家改善伙食，我们就让孩子扮演一个好客的小主人，和叔叔们一起玩。好像有点效果，但是没有像我期待得那么好。面对陌生人的时候，他依然会回避。

功夫不负有心人

后来，我尝试了一个新方法，终于看到了曙光。他有一个很喜欢的毛绒玩具考拉，这个玩具从他四岁开始就一直陪伴着他，按照维克多小朋友的话说，"年迈的考拉"至今仍然一脸正气地站在他房间的书橱上，他认为这个玩具是他的小伙伴，所以即使已经很旧了，依然不舍得丢弃，而这个新方法就是要从这个玩具下手。那天他放学回家之前，我先拿着他的玩具考拉敲响了楼下邻居家的门，楼下住着一对中年夫妻，我求邻居帮我一个忙，邻居热心地答应了。等到孩子放学回家，我就满脸歉意地跟他说："对不起，儿子，妈妈犯了一个低级错误，今天帮你晒考拉的时候没有拿住，不小心掉到五楼人家的阳台上了，反正玩具已经旧了，妈妈再帮你买一个新的好吗？"

几分钟的时间，我注意观察着他的变化，他的表情从难过到变得明朗，似乎找到了一个好办法："妈妈，你不用难过，你不是故意要弄掉的，所以我原谅你了。其实我们可以把考拉拿回来的，我刚才上楼的时候看见楼下的叔叔了，我们只要去他们家敲门，跟他们说清楚，他们应该会帮我们的。"

我故作为难地说："可是如果人家知道妈妈这么大的人，做事这么不当心，妈妈会觉得很丢脸的，怎么办？我还是不敢去。"

他像是鼓足了勇气："妈妈，如果我自己去跟人家说来拿玩具，人家是不是会愿意帮助小朋友呢？"

我假装豁然开朗的样子："这个主意真不错，谢谢你帮助妈妈想了一个好办法。那么我们一起想一想应该怎么跟人家说话好吗？"

我们在家里反复排练了几遍怎么敲门，怎么跟人家打招呼，说清楚自己的来意，拿到玩具考拉怎么道谢，终于他决定下楼了。临出门的时候，维克多突然回头跟我说："妈妈，是不是今天邻居帮我拿回了考拉，我以后再见到人家的时候，还要主动打招呼？不然人家会觉得这个小朋友只是在需要的时候才跟人家说话，好像没有诚意。"我内心一阵激动，这才是我想要的结果。我竖起大拇指："太棒了，你比妈妈想得周到。"两分钟后，维克多小朋友满脸兴奋地跑上楼来，手里紧紧抱着失而复得的考拉，表情如释重负而满足："妈妈，楼下的叔叔和阿姨真的很好，他们还夸我懂礼貌呢，还邀请我以后去他们家玩。"

后来，楼下来了一只黑色的小流浪狗，维克多经常会带点食物去喂它，我们都叫它小黑，因为小黑，维克多跟邻居们熟悉起来，遇见了经常会聊几句关于小黑的话题。后来小黑消失了好一段时间，维克多怅然若失，每每见到邻居还会打听是否见到它了。终于，小黑带伤返回的时候，孩子和邻居们心疼之余更是一起给予很多温暖和关爱。后来，他把这段经历写成文章，还发表了。我还记得报社编辑见到我的时候感慨地说："很久没有因为看一篇小学生的作文掉眼泪了，你家孩子真的很有灵气。"其实我更在乎的是他学会了主动跟陌生人打交道。我们在家里的排练是为了减轻他的压力而提供的辅助手段。以后还有类似的方法，等他长大之后我曾跟他坦白过，他笑嘻嘻地摇摇头说："小孩小时候还得跟大人斗智斗勇，真不容易。"

这样的"方法"还有很多，比如，当时他的小学跟我工作的学校隔着一条窄窄的马路，放学后他自己就可以来学校找我。当时我们学校看门的是一个长相严肃的伯伯，教工子弟们都有点怕他，维克多也说伯伯给他们开门的时候有点不情愿，还黑着一张脸，很吓人，还偷偷地说："妈妈，其实我们小朋友都有点不喜欢那个伯伯。"我跟他说："一般情况下，每个人都不会主动对不喜欢自己的人表示友好，那个伯伯可能是因为你们这群小朋友每天放学都是三三两两地回来，他要不厌其烦地开好几次大门，所以很辛苦，当然脸色不好看。你能不能试着主动微笑着跟伯伯打招呼？看看会跟之前有什么不同？比如，一会儿跟妈妈一起经过大门口的时候，你主动跟伯伯说再见，看看伯伯有什么反应？"走到大门口的时候，小伙子果然微笑着对伯伯大声说："伯伯再见，明天见。"看门的伯伯先是一愣，然后满脸笑意地连连回答："再见，明天见。"走了几步之后，维克多实在忍不住小声跟我说："妈妈，我第一次看到这个伯伯会笑呢。"从那以后，每次走过大门口他都热情洋溢地跟伯伯主动打招呼，偶尔还会送给伯伯几块巧克力。后来我下班路过的时候，看门人都会笑着跟我说："付老师，你家的宝贝最可爱，那么有礼貌，还懂事。"这件事让维克多很有成就感，也使他终于克服了不敢跟陌生人说话的恐惧。

但是孩子回报我的远比我期待的要好很多。维克多初一的暑假，去无锡参加"三好学生"夏令营，营员们最小的读初一，最大的读高三，而且均来自不同的城市，我很想知道，面对这样的环境，我的儿子会有什么样的表现。第一天晚上，他用带队老师的手机发给我一条信息："我很好，活动安排充实而具有挑战性，妈妈不用担心。"但是我依然觉得那是我过得最漫长的一周。夏令营的第四天傍晚，我在教育新闻频道看到了接受记者采访的维克多。如果我不是他的亲妈，估计看不出他的紧张，谈吐也比较从容。从返校大巴车上下来的维克多让我心里一热，短短的七天，我的孩子简直脱胎换骨了。首先是瘦了、黑了，然后跑到我身边，把自己的背包交给我之后，返回大巴车，帮助同学们拿行李，然后再一次跑上大巴车，检查座位上是否还有同学们遗漏的物品，最后跟司机师傅道别，一切显得那么自然，没有丝毫的扭捏不安。

回到家里的维克多跟我说了这一周的经历，我的第一感受就是，孩子终于长大了。据说到达基地的傍晚，他就主动和高年级的学长们一起为每名营员发营服，参与第二天活动计划的讨论。第三天，他们在茶山采茶的时候，看到电视台的记者们扛着"长枪短炮"走过来采访，很多孩子的第一反应是假装低头采茶，或者用最快的速度向相反的方向走，假装没有看见记者。只有他迎着镜头走了过去，他说："妈妈，我其实好紧张，但是也不能没有人接受采访啊。我觉得自己简直都没办法控制自己的表情，尽管我努力微笑。还有，我的脚有点抖，还好视频里看不出来。但是后面就好很多了，好像也没什么值得害怕的，还挺有意思的。"

可爱的小伙子维克多终于变成即使在陌生人群中也会很从容的孩子，知道如何跟别人相处，把握适合的分寸，让别人和自己都自然和谐。但是我知道，孩子在成长的不同阶段，还会遇到不同的问题，我们只要以接纳的心态面对孩子出现的问题，并用心寻找路径，顺应成长规律，指导孩子健康成长，就是一件幸福的事情。其实，陪伴孩子长大的过程是非常美好的，所谓智慧的家长就是不只从自己的角度想问题，而是懂得换位思考孩子真正需要的是什么样的指导，此时，你会发现，用心的家长会跟孩子一起成长。

小哈有感

付老师首先要让爸爸妈妈明白的一点就是"换位思考"的重要性，真正"为孩子好"并不是一味地给予自认为好的东西，而是站在孩子的角度考虑孩子需要的是什么。不少孩子在成长过程中都会表露出胆怯，父母会为此倍感焦虑——担心孩子的社交能力，担忧孩子的表达能力，由此联想到孩子可能会没出息，更有甚者怀疑孩子有自闭症。

显然，付老师也曾有过类似的顾虑。她以"过来人"的身份向我们验证，父母的焦虑对孩子的胆怯毫无益处，唯有"方法"能够帮助孩子战胜胆怯。

就现阶段科学研究结果来说，造成孩子胆怯的四大原因分别是：先天因素——携带来自父母的胆小DNA；环境因素——独门独户的独生子女缺乏与同伴交流接触的机会；教育不当——过度关注、溺爱把孩子保护过度或是放任不管让孩子没有安全感；切身体验——孩子曾在勇于表现后遭遇过嘲笑、挖苦。

不难看出，以上没有任何一项原因是孩子的过错。

难道是家长的错？当然不能这么决断。但是，如果家长把胆怯归咎于孩子，并且进行训斥指责，那就大错特错了。

付老师希望传达给我们的是，对于胆怯的孩子，父母要做的，就是创造更多让孩子与陌生人沟通交往的机会。起初父母可以演示给孩子看，孩子照做；而后父母可以陪伴在旁，让孩子表达自我；最后你会惊喜地发现，孩子已经可以独当一面了。这一个过程的长短因人而异，父母无法预测或左右，能够做的就是坚持创造并抓住每一次机会，不焦虑，不急躁，用爱去包容孩子，给孩子安全感，保持理智想"办法"，帮助孩子战胜胆怯。

如何帮助孩子提高学习效率

身边常有很多家长都在谈论关于孩子回家写作业拖沓、低质、低效的问题。有趣的是，网上也有很多相关的段子，似乎从亲妈到"后妈"的切换，咒语就是四个简单的汉字"家庭作业"。向付老师求助此类问题的家长，他们孩子的年龄几乎涵盖基础教育的全学段，可见，这是一个共性的问题。焦虑的家长、烦躁不安的孩子、无计可施的教师，让这个问题如此有画面感。怎么破解这个难题，希望付老师的文字能够对你有所启发，更希望每个家长能够找到适合自己孩子的特殊方法。

高强度作业，绝非个例

维克多小时候也遇到过类似的问题，我记得那是他小学四年级一天放学后。其实之前我已经察觉到那段时间他的情绪有变化，会睡得很晚，胃口也不好，我们叮嘱他早点休息的时候，他会嘟囔着："你们睡觉吧，我还有很多事情没有做完，我还要作业拿'优'。"此时我们坐在公交车上，小伙子一反常态地沉默着，我能看出他心情低落到了极点。平时放学见到我，他都会有说不完的话，从他小学二年级开始，我连续担任五届高三毕业班的教学任务，周课时最高峰达到24节课。所以经常我们上车后，小小的维克多会体贴地问："妈妈，你今天课很多是吗？那你就不用讲话，听我说话就好了。"我就微笑着扮演一个安静的听众，听他开心地说着学校里发生的事情，或者是对最近读的课外书的感受。可是此时他的沉默让我不安了，但是马上开口询问显然不是一个谈话的好时机，刚刚放学，孩子经过了一天相对繁重的功课压力，身心都处于疲惫状态，而且没有吃晚餐，血糖浓度不够，也是一天中情绪最低落、最敏感的时期。所以我只是一直都拉着他的小手，没有说话，让他既能感受到母亲的关注，又不至于因为太过殷勤地询问而产生新的压力。

下车了，走在我身边的孩子突然低声说了一句话："妈妈，我不快乐。"我弯腰抱着他："那么，你愿意跟妈妈说说不快乐的原因吗？"他的眼睫毛上有明显的泪珠："我好累，好困，可是今晚还有那么多作业要写，白天下课的时候我都不敢出去玩，拼命赶作业，即使今天熬夜写出来也没什么用，因为明天的作业还会像小山一样压过来，我有点喘不过气来了。最近也不敢看课外书，还有很多喜欢的事情都不能做，好像每天都是在跟各种习题玩命，看不到尽头。""特别困，特别累，很想睡觉，是吗？如果好好睡一觉是不是能感觉好一点呢？至于作业，今天暂时不去想它，你不是一个不想写作业的孩子，只是今天太累了，妈妈和老师都会理解的，因为大人偶尔也会有感到很累什么都不想做的时候，然后妈妈跟你一起想办法来解决，一定有办法的，是不是？"我摸摸他的脸蛋认真地说。

先安抚情绪，再考虑问题

先解决情绪问题，再聚焦孩子面对的真问题，这个顺序在解决问题的时候其实很重要，还有我尽量利用同理心跟他建立共感，让他舒缓因为不写作业而可能带来的负罪感。尽管我自己也很紧张，但是我的专业知识还是帮助我找到了适合的方式跟他交流。

"真的？我真的可以回家马上就去睡觉吗？谢谢妈妈，我只要睡一会儿就可以爬起来写作业的，你记得叫我起来。"他的眼中有一闪而过的亮光，似乎找到了暂时舒缓压力的办法。我打开房门，允许他把书包丢在客厅的地板上，这样至少可以暂时眼不见心不烦，他一面向自己的房间走，一面脱掉外套，等我拿着热毛巾进他房间准备帮他擦洗的时候，他已经酣然入睡。我不敢弄出任何声响，一个人呆呆地坐在客厅里，大脑一片茫然。

很庆幸那几天先生出差，家里只有我们母子二人，估计此时只要有人问我任何一句话，我都会绝望地哭出来。是啊，我有什么好办法来帮助孩子解决他的苦恼呢？当时我们所在的城市学生课业负担过重是普遍现象，这是我没办法改变的事情；也不能让孩子不写作业，不然既不能完成必要的学业，也会影响孩子对老师一些做法的认同感。晚上11：00了，看着窗外很多人家通明的灯火，我知道每盏灯下，都有一个埋头苦读的学子和一位内心充满心疼而又无奈的家长，眼泪终于滑落。

查看作业，分析归类原因

我抱着孩子丢在客厅的书包回到自己房间，第一次这么认真地把孩子全部的功课摊开研究。以语文为例，老师要求每天都写一篇作文，每天有摘抄，每天写在本子上的作业要求抄写题目，除此之外，还有固定的两本课外练习册，以及不固定的、老师随机发的练习卷子，每周有周测试，每月有月考，每张试卷左上角都有老师用红笔圈出来的排名。这仅仅是一门功课的作业……

按照小学生写字的速度，着实需要大量的时间才能完成作业，如果孩子带着抵触情绪或者倦怠，需要的时间更不可控。我看了他上周的6篇作文，都是带着极强的应付心理，拼凑完成了作业，而且字里行间已经能感觉到孩子的无奈；对比最近的测试和作业发现，重复率太高，孩子失误的地方并没有得到针对性的训练。

已经午夜了，看到孩子依然睡得很沉，实在不舍得叫他起来写作业，索性就让他好好补足睡眠。

苦思冥想，我几乎是一夜无眠。

调整状态，效率更佳

凌晨4：00，我就起床开始给他准备早餐，相信经过昨晚的修整，孩子会有一个好胃口。

4：30，我走进他的房间亲亲他的小脸蛋，轻声说："宝贝，睡醒了吗？如果觉得睡醒了现在可以起来写一点功课，好好吃早餐，然后妈妈打车送你去学校，跟老师沟通。"看到他睁开眼睛脸上有一丝笑容，我继续给他缓冲："其实你还可以懒几分钟再起床。"

4：30—6：30，孩子神情专注地完成了全部作业，根据之前几天的经验，这些作业如果在昨晚完成的话，至少需要三个半小时以上，那就意味着还要熬夜，今天还是会带着睡眠不足的恶劣情绪开始新的恶性循环。

6：50，洗漱之后神清气爽的孩子坐在餐桌前大口地吃着早饭，脸上终于有了笑容，既有补足睡眠的满足，也有按时完成作业的成就感。

带上方案，与老师协商

那天，我破例请了假，跟他的老师进行了长谈。因为我发现，语文老师选择的资料似乎有她的道理，安排各类作业的初衷也是为了提高学生的语文综合素养，但是在具体安排上缺乏层次感，会给孩子造成压力和倦怠，长期坚持，会加剧孩子的厌学情绪。所以我诚恳地跟她建议，我可不可以把作业进行一些个性化的整合？如两套练习册，一套相对注重基础，另一套注重提升能力，如果不能取舍，那么能不能让孩子在预习阶段完成基础部分，而在课堂学习之后作为巩固练习完成第二套能力部分，这样就能把每天的课后作业压力分摊到周末和假期；关于作文和摘抄，每天一篇作文没办法保证质量，孩子缺乏必要的生活体验和观察，更缺乏广泛地阅读和思考，笔下生涩枯燥，写作能力不是练习频率提高就会改善的。我们能不能让维克多每周写一篇完整的作文，其他时间学会修改作文，或者观察生活进行片段描写，或者对自己的读书摘抄进行点评？至于每天不固定的测试卷，如果孩子之前的基础练习和能力测试已经有重复训练，而且孩子已经通过，我可不可以把这部分题目去掉？

老师一直都没有说话，为了不让老师阻挠我的个性化作业，我写了保证书，保证我的孩子一定不会拖班级平均分的后腿，这是我这辈子写的唯一一份保证书。送我出来的时候，年轻的女教师微笑着说："付老师，如果你肯给他加压，凭他的天资，绝对可以成为班级的第一名。"我也微笑着回答："我只是希望孩子身心健康成长，第一名对我们没有意义。而且我就一个孩子，失误不起，我不能看到问题而不采取措施解决，希望您理解。"据说，当时那位老师很无奈，觉得我看起来很温和，但是其实很坚决，让她没办法不接受我的建议。

实行方案，焕然一新

经过这样的调整，维克多至少能够每天微笑着去读书和写作业了；但是一个新的问题又出现了，由于经过充分的预习，实际上课堂中他真正需要解决的问题寥寥无几，那么如何保证他上课的专注度和效率呢？我跟他讨论的结果就是：如果老师讲的东西都懂了，比如语文，就思考一下其他相关的文章，有什么样的异同，有哪些写作方式是自己写作文时可以借鉴的？如果是古诗，试着用现代散文翻译，或者仿写出同样韵脚的诗词；实在没事可做，还可以找资料查查作者生平，阅读他的其他作品，联系年代背景，思考作者的写作动机和表达手法。对孩子来说，我们家的藏书量相当于馆藏丰富的图书馆，我们还保存了大量的不同年代的各类杂志，当年那个奢侈的、开放式的大书房是孩子的乐园。如果是数学课，可以仿照例题编写新的题目进行不同的设问，然后总结出这类题目共性的答题规律和方法、技巧。其实这些做法不是我想出来的，大部分是孩子经过自己的体验后感受到好处然后坚持的，作为母亲，我只是起到启发、参与、鼓励、支持的作用。

通过这样的方式，孩子在适度减压的基础上，学会了学习，而且越来越有成就感，不仅成绩名列前茅，而且在全市数学竞赛中连续两届获得小学组一等奖，作文也获得全国奖。那几年，孩子写出很多优秀的作文，楼下的流浪狗小黑，公交车上看到的街角流浪艺人和卖红薯老人的温暖互动，作为北方出生的孩子，第一次看到南方飘雪的惊喜和孩子纯真的乡愁……如果没有一种平和的心境，是没办法关注生活的细节和体会平凡的感动的。我们都曾经拥有柔软的内心，会渐渐变得粗糙而不自知，我不想我的孩子被磨灭了宝贵的灵性。

等到他上初一之后，我们的学习策略的优势完全体现出来了，比如，他的写作和阅读分析能力是其他同学所不及的，他的数学和物理的逻辑能力也是高出同龄人一筹的。除了天资的差异，跟我们学习方式的调整不无关系。记得当时他的初中班主任老师询问其他同学为什么跟维克多的作文能力有这么大差距的时候，其他孩子无奈地说："他比我们读书多太多。"老师再问："为什么你们不跟他一样，多读点课外书呢？"孩子们答曰："因为我们没有课外阅读时间，课外摘抄都是父母帮着挑选然后匆忙写出来的，根本就不知道自己摘抄的都是什么，我们的时间都用来写作业了，而维克多的妈妈帮他减负，所以他的作业量没那么大。"

因材施教，标本兼治

亲爱的读者，聪明的你一定看出，我没有简单地给他减负，其实还是有妥协和折中的，根据课程特点和老师的要求进行了整合和规划，目的不是简单地完成作业应付考试，而是完成小学教育必要的东西：学习习惯、学习能力、学习兴趣的培养，为孩子的终身发展奠基。面对情绪低落、疲惫倦怠的孩子，母亲不应该只是简单地说教、鼓励坚持和灌输心灵鸡汤，而是应该进行必要的危机干预，帮助孩子缓解压力，这是治标的手段；后续的调整和坚持，则是从孩子长远发展的角度进行的规划。不是单纯为了还给孩子一个快乐的童年，而是给孩子一个高质量的成长过程，这应该是家庭教育中的治本之策，考量的是母亲的教育理念，需要放下的是面子，关注的是成长的实质。

其实，治本之策还有很多，比如，从小学习习惯的培养、家庭文化氛围的助推作用、父母潜移默化的言传身教、从生活习惯入手进而促进良好学习习惯的养成等。一个孩子的健康成长是一个系统工程，没有灵丹妙药，需要父母真正用心的关注、思考和陪伴。我会在后续的文章中跟大家进一步交流，欢迎大家提出新的问题。

小哈有感

作为"过来人"，我深深地相信家庭作业几乎是困扰着每个家庭的难题——不是题目有多难，而是它会给亲子关系带来"颠覆式+毁灭性"的危机。老师轻轻松松布置的家庭作业，却是许多家庭每晚的"恶斗之源"。对于抵触写作业的孩子，家长们总会很默契地采取同样的手段：逼——简单粗暴，但，真的有效吗？成千上万的案例告诉我们，答案是否定的。

父母轮流叉腰站在孩子身边，希望给埋头写作业的孩子施压，希望他能加速完成作业，孩子稍微走个神，家长就咳嗽两声"示威"。这样日复一日，孩子没有任何课余活动，家长的业余时光也就此葬送……大家都逐渐忘记了家庭作业的根本作用：巩固知识。

对于这样的状况，家长往往是既想寻找出路，却又不知道该怎么寻找出路。即使是如此智慧的付老师，在遭遇同样的问题时，也曾濒临情绪崩溃的边缘，但是每一位深爱孩子的父母都明白——自己的负面情绪只会让孩子更痛苦。在这样的关键时刻，父母不仅要克制住自己的情绪，更要尽力去安抚孩子的不安与惶恐。付老师不舍得维克多不开心，所以她努力想办法。

终于，付老师带着解决方案来到了学校和老师"谈判"，并靠自己精心设计的方案和坚决的态度说服了老师。这对于有着同样困扰的父母是非常有参考价值的，或许不能照搬付老师的方法和说辞，但你们是最了解自己孩子的人。如果你们确认孩子的作业耗时较长在班级中并不是个例，如果你们也认为老师留的作业机械重复，对孩子来说不仅没有太大帮助反而会造成孩子学习上的压力，就完全可以根据孩子平日的表现和状态，制订适合自己孩子的改良方案，带着方案和老师提意见，相信会更具说服力！

培养孩子良好的阅读习惯

很多家长都头疼孩子的阅读习惯问题，的确，良好的阅读习惯不仅有助于提高学习效率，而且可以让孩子终身受益。但是如何帮助孩子养成好习惯呢？今天付老师跟大家介绍的是"软硬兼施"的方法。这里所说的"软"指的是家庭文化氛围和家长的言传身教，包括大家都在做的亲子阅读；这里所说的"硬"指的是给孩子准备的物化环境。其实，正是这些看起来不起眼的小事，才可以帮助孩子养成热爱读书、勤于思考的好习惯。

在书香中成长

维克多出生以后，还在休产假的我每天会跟他说很多话，也会读很多优美的童话故事、散文给他听，当时这么做还有点不好意思，一是怕别人觉得我"神经病"，这么小的婴儿给他读书有用吗？还有就是，尽管当了妈妈，但是其实我自己心理上还是一个孩子，所以面对不哭不闹的小宝宝，我可以安静地看书，顺便读给他听，也是一举两得。后来发现，只要我拿起书本，他就变得很安静，眼神很期待，开始我还以为是错觉，但是几经证实才发觉真的很神奇，我就继续我的亲子阅读，努力选好文章，声情并茂地读给他听，读完之后还会问他好不好听，他会挥舞着婴儿粉嫩的小手，也不知道是不是在回应我。

维克多四个月大的时候，我先生在准备研究生考试，每天都是晚饭后把饭桌整理好摊开书本埋头苦读。当时我们住在单位分配的大学生公寓，56平方米的两居室住着两户人家，厨房、客厅和卫生间都是公用的，我们只有一个房间，这个15平方米的房间集卧室、餐厅、书房、起居室、婴儿室的功能于一体，夜读的人尽管很小心，但是没办法不影响到我们母子。每晚只要台灯亮了，小维克多的眼神就变得非常明亮而渴望，他想尽各种办法吸引他爸爸的注意，把自己会的东西都表演一遍，目的就是讨好他爸爸抱着他，然后只要抱着他坐在书桌前，马上就安静了。因为白天还要工作，所以我实在没精力抱着他伴读到午夜，我们家的两个男生开始了每晚特殊的读书生涯……

父母共创亲子阅读环境

　　年轻的爸爸一只手抱着几个月大的婴儿，另外一只手拿着笔不断地写字，已经腾不出手翻书了，这个任务就是小婴儿维克多帮他完成的，小婴儿维克多精力充沛地望着认真思索的爸爸，觉得时间差不多了就会主动帮爸爸翻页，但绝对不会撕坏书页；如果爸爸跟他说"宝宝，爸爸还没看完"时，他就会帮爸爸再翻回来，但是只给很短的时间，如果觉得爸爸应该看好了，小婴儿维克多就会再翻到下一页。我以为这种书童的游戏他很快就会厌倦，没想到几个月坚持下来乐此不疲。每晚都等到爸爸真的看累了他才肯躺在婴儿床上睡觉。或许这种与生俱来的家庭文化氛围对他的影响一直存在，也许读书这件事从最初对他来说就是一件有意思的、值得期待的事，是生活的一部分，甚至是一种内心的需要。

　　等到他再大一些的时候，我开始拿着幼儿画报给他讲故事，那些色彩缤纷的画面被我编成各种故事讲给他听，我开始跟他互动了，那时候他差不多六个月大，我看到他的表情有变化，我记得当时是讲小动物受伤了，他的眼睛里有泪，但是不掉下来，看起来很难过的样子，我就问他"我们该怎么办？"，他就伸出手在图片上做抚摸的动作，说实话我当时非常感动，也很惊讶，第一次让我真正意识到这么大的婴儿其实完全可以听懂大人讲的故事，这样的亲子互动应该比通常意义上的早教更有意义。从那时候开始，一直到他小学三年级之前，我们有一个雷打不动的规定节目：每晚睡前讲故事。差不多要讲一个多小时，然后他才心满意足地去睡觉。每天他都通过各种努力争取让妈妈多讲一会儿故事。在亲子阅读的过程中，孩子不仅对故事本身很期待，还对母亲的声音、母子之间的相互依偎的肢体语言传递的安全感和亲情很期待。

亲子陪伴远胜电子产品

这种陪伴和语言交流方式以及从婴儿时期开始的亲子阅读活动我介绍给了我妹妹，在她儿子身上也显示出了神奇的效果：我的外甥不到一岁可以说话，一岁半的一天，我母亲拿着一份《老年报》说，年纪大了，眼睛花了，好好的文章却看不清楚。还没过两岁生日的小宝宝从外婆手中接过报纸，一字一句地念着，我大呼神奇，以为妹妹特意教他识字，妹妹说其实没有，只是讲故事的时候他会问这个字怎么读，走在路上也会问街边的广告牌上的字是什么。

母亲的声音传递的故事和借助各种电子设备讲故事显然不同，其实我一直在跟很多年轻的妈妈们谈这件事，下班回家之后真的很疲惫了，那个时段就把孩子交给电视机，电视上播放的卡通片的确能够提供很多东西，但是这种单向的、缺乏互动的文化接受方式，其实会有很多隐患，包括长大之后的人机交流，其实会让独生子女感到更孤独。所以哪怕孩子在看卡通片，其实还是需要伙伴，需要跟人交流一下当时的感受。前段时间，我先生突然说了一句"现在电视台好像不怎么播放动画片了"，说完我们都开始笑，是啊，自从孩子长大，我们几乎不知道电视上还有哪些好看的动画片了。

小学三年级之后的亲子阅读主要是两方面：关注孩子阅读的内容和跟他进行互动交流。我还记得维克多读初一的时候，那段时间网络作家沧月的玄幻小说很热，孩子们都在读。由于网络更新的局限，孩子很期待接下来的故事情节，后来我就跟书店的老板约好，只要沧月的纸质书出来了，就请他通知我，然后买回家跟孩子一起阅读。沧月的文笔优美，看得出一定的古文功底。那时候，维克多开始写旧体诗的读后感，我也跟着凑热闹，我们写了很多，他都整理在一个本子上，后来他说，同学们不仅来跟他借书，还转抄我们的读后感。我们会探讨其中的人物，包括他们的性格和形象的描述以及故事的走向……在这样的交流中，很多教育目的可以潜移默化地达成。包括他读大学之后，我先生还是经常读一些孩子喜欢的书籍，等他回国之后跟他交流，我早晨起床之后看到的客厅场景经常是客厅茶几上堆着空的啤酒罐，这应该是父子俩夜半畅聊的辅助品。这样的交流，可以更多地了解孩子的思想动态，并促进孩子的思考。

阅读需要仪式感

我还记得梁实秋先生文章中曾经谈到夫人对子女的教育问题，一个最大的体会就是给每个学龄儿童一个属于他自己的读书环境，从学会自己整理文具到有条不紊地安排每天的功课进度，需要一个物化的环境和一种仪式感。

维克多4岁的时候，先生准备写研究生毕业论文，我们带着维克多到家具店，他很好奇，问为什么带他来这里。我蹲下来跟他说："爸爸需要一个大书桌来写毕业论文，他大致需要半年的时间就能写完并且通过答辩，那么以后这张书桌就是你的了。所以今天带你来就是让你来选自己喜欢的书桌。"他睁大眼睛，觉得这件事意义重大。我们看着维克多小小的身影在各种书桌之间来回穿梭，终于他选中一款，我还记得那个书桌的价格，当时我们俩一个月工资的大部分都花进去了，但是孩子很有成就感。后来每天晚饭的时候，先生都会跟我聊论文的进度，孩子都在旁边专注地听着，直到有一天，先生说论文终于完成了，而且导师很满意。那时候，我们已经有了自己独立的房子，我在客厅整理东西，看见先生站在房间门口表情神秘地招手让我过去，房间里，我们的宝贝儿子正累得满脸通红地劳动着，他把书桌每个抽屉里的资料都拿了出来，按照原来的顺序在地板上摆放整齐，然后把自己的各种图书、玩具、彩色画笔、本子分别装进抽屉。我小声问先生怎么办，他微笑着说："敌进我退，已经答应人家了，借给我用这么长时间，很不错了。"从此以后，为了宣誓自己对书桌的主权，我们可爱的维克多小朋友每天从幼儿园回来都会像模像样地坐在书桌前很长时间，晚饭后也会提醒我们，该读书了，每个人都到自己的桌子前读书吧。我读书的地方是客厅的茶几，先生转移到电脑桌前，那个大书桌就是孩子每晚最想停留的地方。

一直到上小学的第一天，背着小书包回来的维克多激动地冲向书桌："妈妈，我终于有作业可以写了。"他是觉得能够在这里写作业才算是真正完成了自己是书桌主人的仪式。这种长时间的自我心理暗示，让他对书桌有一种亲近感和期待。以后他都会按时在书桌前完成自己的各种功课和阅读。直到现在，那张书桌还摆在他的房间，20多年，跟我们走了几个城市。

家庭藏书，不容小觑

还有一个重要的物化环境就是家中的藏书。我们换过几个城市生活，每次搬家，书籍的整理都是一个大工程，我已经是敝帚自珍了，把从小读的书、大学时代喜欢的书都带到了自己的小家，先生有过之无不及，他甚至还保留了学生时代的很多杂志，而且每次出差他都会带回来一些书，家里的四个书橱已经是满满当当了。

后来发现这些书籍杂志都发挥了作用，在江苏时，我们楼上有一个开放式的大书房，但是太大太冷清了，所以我发现维克多小朋友经常是跑到楼上去找自己喜欢的书，然后抱到自己卧室中看，初三的时候，竟然看了获得过诺贝尔奖的萨缪尔森的经济学著作，我还偷偷问他是否能看懂，没想到这个小朋友后来本科的专业就是经济学类。

做了多年班主任，去过很多家庭家访，其中一个感慨就是很多家庭实际上是没有藏书的，除了给孩子买的教辅材料、作文资料，几乎没有其他书籍。这种欠缺对孩子的成长一定会有影响，比单纯的童年物质匮乏更可怕，影响更深远。我还曾经去一个朋友家做客，主人特意带我参观书房，三层别墅，气派厚重的红木书柜，可是里面摆放的很多精装书籍竟然只是壳子。后来几次见面，女主人跟我请教孩子的教育问题，我实在不好意思说出来——把那些壳子扔掉吧，换成真的书籍，或许就不一样了。中国古代很多家庭的家训就有"耕读传家"之说，还有很多有渊源的大家族更是把积善和读书当成安身立命之根本。所以给孩子一个书香环境，还有能够跟孩子一起读书和讨论的父母，是孩子成长的最温暖的人文环境。

或许亲爱的读者会说，我的孩子已经读小学或者初中、高中了，这会儿我再改变还来得及吗？真的还会有用，改变别人从改变自己做起，你去尝试，会发现你的孩子会还给你惊喜。

小哈有感

古人云："读万卷书，行万里路。"西方哲人也曾说："书籍是人类进步的阶梯。"古今中外的智者都深谙书的重要性，可是，我们国民的阅读量、阅读水平、阅读氛围和世界发达国家相比还是有差距的。（摘自朱永新语录）许多孩子从小就没有养成阅读习惯，他们宁愿看电视、玩电子游戏，也不愿静下心来看"枯燥"的书。

其实，孩子对于阅读的兴趣需要家长用心培养和呵护，这是一项长期的工程，绝非一朝一夕之事。本期付老师为我们带来的"软硬兼施"之法不同于传统法。据我了解，有的父母会以奖品引诱孩子阅读，还有的父母会对孩子进行威逼，仔细想想，这样的方法都只是"治标"，或许能够成功一次、两次、三次……但是真的每一次本该愉快的阅读都要家长如此费心费力吗？孩子难道不会产生更强烈地抵触情绪吗？除了威逼利诱，还能怎样培养孩子的阅读习惯？

付老师生在书香门第，这是她在培养孩子阅读习惯上得天独厚的优势，作为成功案例为我们起到了示范作用——要改善孩子的阅读习惯，父母要从改善自己开始。虽然不是每一个家庭都有这样令人羡慕的氛围，但是每位爸爸妈妈都可以从现在起为自己的家庭增添"书香"——只要选择了开始，就永远不会太迟。

父母为孩子创设阅读氛围，可以从家中藏书开始，虽不至于汗牛充栋，但至少要舍得在购置书籍（或与之相关）方面花钱；父母要愿意陪伴孩子阅读，当然不是简简单单地把书丢给孩子，父母要陪伴孩子进行阅读，当"爱"与"阅读"在孩子的心中形成了一定的联系，孩子自然会养成阅读的好习惯。

这个故事有两处特别打动我。其一，付老师与先生愿意花费一个月大部分的收入购置维克多看中的书桌——这不是奢侈，而是对孩子的一种莫大认可，是对其阅读和学习兴趣的一种鼓励，他们是有投资眼光的父母，这份工资换来的远远不只一张桌子，更是激发了维克多对学习的渴望与热情。其二，她愿意关注孩子的阅读内容，并与孩子进行互动交流，即使维克多喜欢的是学科、辅导资料以外的"闲书"，即使这对课业成绩的直接帮助并不大……回想学生时代，多少同学因为在班级里看小说而被没收书本、家长被叫到办公室和老师一起对学生进行"双面夹击"，这类现象的背后无疑就是家长禁止学生在家阅读与学业无关的书籍。但真的无关吗？我们说"开卷有益"，"闲书"可以增长智慧，修养情怀，培养孩子的思维能力，许多学业成绩优秀的学生往往都是因为读了很多"闲书"而扩展了知识面。付老师不仅不反对孩子读"闲书"，还参与到孩子读"闲书"的过程中，通过亲子阅读与探讨，不仅保护了孩子的阅读兴趣，最终还达到了教育目的，真是一位智慧的母亲。

阅读，被誉为世界上门槛最低的高贵举动；阅读能力，被视为具有颇高价值且为人类独有的能力。生而为人的我们不该再沦陷在电子时代的种种诱惑中，更不该让下一代深受其害。行动起来吧！以身作则，参考着"软硬兼施"之法为孩子们构建养成阅读习惯的良好环境！

如何有效地进行亲子沟通

很多家长都会有这样的感慨，孩子越大越不好沟通了，逆反非常严重；我曾问过一名高一学生："在你们家，爸爸妈妈谁说得比较有道理？你在家里比较听谁的话？"他给我的答案是："爸爸妈妈说得都有道理，几乎都是真理，但是我谁的话也不想听。翻来覆去就那点东西，听了十几年了，各种闹心和没劲。"

家长们在面对成长中的孩子时，每每感到无力，总会错误地进行归因：当青春期遇上更年期，就会有各种矛盾和冲突。错误的归因就没办法聚焦真问题，真的是因为这个原因才不能进行有效的亲子沟通吗？家庭教育中应该避开哪些误区，才能进行有效的亲子沟通、达成教育目标呢？希望付老师今天的故事能对你有所启发。

误区一　过度情感绑架

我都是为你好

很多父母在与孩子沟通时，都会语重心长地强调一件事：我们为你做了什么样的努力，我们是最好的父母，为了孩子不惜一切代价。甚至有的父母会把自己的婚姻走向、职业选择都跟孩子挂上钩。看看这些话是不是似曾相识：我为了你有一个完整的家庭，所以我忍着没有离婚；我为了你放弃了自己最爱的工作；我为了你选择了忍辱负重……这些表述的潜台词是：我为了你付出这么多，所以你必须感恩，所以你得听从我的安排，因为我都是为你好。但是事实却是——很多这样沉甸甸的情感付出，很难换回孩子的感恩戴德和心悦诚服。

情感绑架跟单纯地让孩子了解父母的生活和职业状况从而感恩父母的付出是不同的，感恩是体验之后情感和认知发生变化，从心疼到珍惜、回馈；而情感绑架则是硬性的价值灌输和绝对的遵从。家长可能没想过，太过沉重的情感绑架，或者这种需要回馈的情感超出了孩子心理能承受程度的时候，孩子会选择逃避，这是孩子一种自我保护的心理防御机制。不同的孩子逃避的方式会不同，我在半辈子的教育生涯中见到过无数种，但是结果很趋同：与家长的愿望背道而驰。

你的焦虑，只是火上浇油

我还记得很多年前一名学生在高三写的一篇周记，让我潸然泪下，即使是多年之后，想起来心情依然沉重。估计是他实在承受不住心理压力，但是又没有地方倾诉，所以选择在周记中吐露心声。孩子写道：

今天是母亲节，老师提醒同学们今天回家要跟妈妈说节日快乐，下课的时候还有很多同学说回家路上要给老妈买一枝康乃馨，还有人说今晚回家洗碗，让妈妈休息一下。我默默地坐在自己的座位上，可是心里那么苍白。从五岁开始，你的脸就再也没有出现在我面前，家里找不到任何一张你的照片，我拼命地回忆，生怕我忘了你的模样，生怕就是在街上擦肩而过我都认不出你；可是你的脸在我心里越来越模糊。家里所有的人都跟我说你如何不好，一旦我不知好歹地问到你的事情，全家人都会指责我不懂事，爸爸为我付出那么多，我不能忘恩负义，我必须听爸爸的话，我必须在全家人面前藏起自己的忧伤，没有母亲的忧伤，甚至我必须假装"我恨你"，才能让家人觉得我不是"白眼狼"。

回到家里，嘈杂而喧闹，没有人意识到今天的特殊性，我没办法待在房间里，沉闷而窒息。就走到阳台上透口气，对着黄昏的虚空，多想真的有神仙，或者谁能告诉我，你究竟在哪里？生活得好不好？无论家人怎么说你，可是我知道，你是带我来这个世界上的那个人，不只是今天，以后每年的今天我只能对着远方的天空，在心里默默地说："妈，节日快乐！"

尽管我做了很多努力，但是这个孩子一直没有太大的起色，对很多事情都提不起精神，不感兴趣，学习效率低下，每次考试成绩出来的时候，家里人都会苦口婆心地跟他说爸爸如何不容易，对他如何好，他不好好读书怎么回报爸爸的苦心。但是这样的情感大戏让他更加阴郁，开始偷着吸烟、迷恋网络，他说在虚拟的世界里他觉得轻松一点。报考志愿的时候，按照他的程度，如果报外地院校，可以选择自己比较喜欢的专业，但是爸爸和爷爷奶奶无论如何都不肯孩子离开自己的视线，最后他跟我说："就这样吧，我反正挣脱不了，你也别操心了，这是我的命。"每次想到这个案例都让我很难过。我甚至担心他成年之后的情感和婚姻会不会受到影响。可能有人说这样的极端案例毕竟是少数，其实对家长们还是有启发的，从心理学的角度来说，人在适度压力的情况下，会产生积极的情绪和动力，但是在超负荷的情况下，会产生逃避、回避的心态，有时还会寻找机会转嫁这种压力。

做了这么多年的教师，我经常听到家长跟孩子说的：我们家还没有出过大学生，你身上承载着祖孙三代人的希望，必须考上某某大学，那是我们的梦想；我当年没有实现的东西，你要替我去实现；全家人节衣缩食把最好的东西都留给你，就是让你考上好大学……这样的捆绑不仅没办法让孩子产生动力，甚至会反其道而行之。这种方式造成的伤害其实是双向的，父母越来越焦虑，孩子越来越不愿意跟你沟通。

放下笔，用时间撰写最美的童话

我从大学时代开始发表文学作品，在维克多出生开始就搁笔了；作为业余作者，我还有日常的教育教学工作，如果还顾及自己的爱好，一定会影响对孩子的陪伴；一直到他读大学后我才重新开始写文章。很多年前暑假回故乡的时候，在街上遇见一个据说是我当年的粉丝，还依然热情地询问我最近在写什么，为什么都看不到我的作品了。我微笑着回答：写童话。他一脸懵懂，我跟先生相视一笑。看着身边脸蛋胖嘟嘟的维克多，我觉得每天花心思把各种唐诗宋词都编成故事讲给孩子这件事其实更有意义。我两岁的儿子看到路边花草上的蜻蜓，会微笑着说："小荷才露尖尖角，早有蜻蜓立上头。"；看到爷爷在训诫小叔叔，走路还不稳的小维克多会踮起脚尖拉着小叔叔的衣角，笑眯眯地说："少壮不努力，老大徒伤悲，你要乖哦。"

陪伴一个孩子的成长，是幸福的过程，可能需要有所取舍，但是过程中的快乐是别人体会不到的，没办法用功利的标准去做判断。如果我们用发展的眼光、感恩的心去看待父母子女一场，会有不一样的教育观。每个人都对自己的人生负责，不把自己的梦想和情感强加在孩子身上，跟孩子一起成长，永远不放弃自己，哪怕我们人到中年，人生依然有品质和无限可能。那么就会发自内心地想说：谢谢你这辈子做我的孩子，谢谢你那么无条件地信任我、爱我。当你在亲子关系中做了这样的转身之后，会发现有不一样的收获。

误区二　饭桌说教和自我吹嘘

假装很贪玩，其实很厉害

维克多小时候曾经悄悄问过我："妈妈，为什么爸爸眉飞色舞说到小时候的事情，都没有一件跟学习有关？都是淘气、漫山遍野地疯跑、偷着到河里游泳被老师抓回来，上课跟小伙伴扔纸飞机：纸飞机竟然飞到老师袖子里？他小时候是有多淘气啊。"我忍着乐想跟孩子说，其实你爸爸从小学一年级就开始当班长，大学本科毕业论文就被国外权威学术杂志转载；研究生考试高等数学满分100分可以考出96分的好成绩，当年给妈妈写的每一封情书都非常认真地打草稿，然后誊写，不会有一处的勾勾抹抹。只是他曾经偷偷跟我说，不想做一位严肃的父亲，想成为孩子的朋友，让孩子在轻松的氛围中长大；而且他觉得自己小时候吃过很多苦，孩子不需要像他的童年少年那么艰辛，只要身心健康、充满希望的成长就好。

拒绝经验主义，话题顺应时代

我们家的饭桌讨论经常是海阔天空。饭桌沙龙的主角主要是两个男生。小时候两个人聊的比如一战二战、历史上的一些典故和人物、气候问题、楼下的小流浪狗；晚饭后要给刚刚捡到的流浪猫洗澡，到底是用沐浴露还是洗发水更合适；长大一点话题更广泛，叶利钦的《午夜日记》、凯恩斯的宏观经济理论对各个国家经济政策的影响、海湾战争、从克林顿到小布什、奥巴马的执政理念，小时候在小乡村外婆家生活的经历，东北的冬天为孩子提供的天然运动项目……近些年，我们也很乐意接受维克多先生的文化反哺，让我们了解更多的东西方文化的不同。

生活节奏紧张的大都市，一家人最温情的相聚就是每天的晚餐时光，家常饭菜、一些共同感兴趣的话题，这是父母能够给孩子最好的关于家的记忆和味道，也是教育最润物细无声的形式。那个在父亲嘴里无所不能、刻苦努力的当年的自己，其实很难激发孩子的共感，因为你生活的背景和环境对今天的孩子缺乏借鉴性，移动互联网时代，一切都发生了巨大的变化，孩子面对的是他这个时代特有的成长的烦恼。

给孩子最好的家庭教育应该就是无论发生了什么，我们依然爱你，我们也依然爱自己、爱人生、爱未来；去做你认为正确的事情，你的身后，父母会提醒，会适时地关注，会带着微笑给你无限的祝福，家是一个宁静的港湾，你可以歇歇脚，可以再起航。

小哈有感

付老师为我们列举的两大误区的确是普遍存在于中国家庭中的现象——亲情绑架和经验主义。无论你是亲历者——父母对你说过无数遍"我都是为你好"，还是处在误区中的主角——"这要是换成当年你爹……"，相信这篇文章都会让你感触颇深。

对于亲情绑架，"我都是为了你"仿佛就成了家长操控孩子按照自己意志做任何事的万灵丹，看似每一个人生阶段都为孩子安排妥当，实则没有给子女任何拒绝的机会，因为每一次的抗议换回的都是"这是为你好""我怎么会害你"的道德审判。反观付老师的做法，她感谢维克多的降临，她珍惜这段亲子缘分，不求回报的她凭借良好的心态避免了此类家庭"软暴力"现象，维克多得以在"顺应天性"的环境中健康成长。

对于经验主义，龙应台曾这样说过：所谓父女母子一场，只不过意味着，你和他的缘分就是今生今世不断地在目送他的背影渐行渐远。你站在小路的这一端，看着他逐渐消失在小路转弯的地方，而且，他用背影默默告诉你：不必追。在每一位父母眼中，自己的孩子永远都是独一无二的。有的父母以为"在孩子身上看到自己的影子"会让人很欣慰，可是这对孩子是不公平的。DNA可以被复制，但是独立人格和思想不该被粘贴，即使付老师的先生当年硕果累累，他仍只和维克多分享自己"调皮"的过往。饭桌上，没有说教批评，取而代之的是对古今中外天文地理的高谈阔论，这激活了维克多的思维，也平添了家的温馨。

孩子的人生，只能放手让他们独自去面对，父母能做的，就是陪伴。家，不该是牢笼，而是温馨的港湾。正如付老师所说，给予孩子爱，但同时也爱自己、爱人生、爱未来，放手让孩子去闯荡，但父母永远在一个港湾守候，你可以歇歇脚，可以再起航。

孩子遭遇挫折怎么办

每个人成长中都会遇到各种问题，所有的事情必须自己去体验和面对，成长应该是一种美丽的痛，这种真实的痛教会我们有勇气面对，更教会我们珍惜。当孩子遭遇一些没办法改变的事情，家长该怎么做呢？希望付老师今天讲的故事能够对你有启发。

孩子比你想象的更"懂事"

二十世纪九十年代后期是中国经济大转型时期，国企改革带来的阵痛就是大规模的下岗潮。维克多当时四岁，正读幼儿园中班，他有一个最好的朋友小旭。当时我一直没有意识到"下岗"这件事会对四岁的孩子产生影响，所以也没有跟他说过这件事。但是发觉孩子有变化，每天从幼儿园回家的路上，尽管我们要走过一条热闹的街道，但是维克多不要零食，即使我问他要不要买点心，他也只是摇摇头。这样差不多过了一周，有一天我们回到家里，跟在我身后的小维克多试探性地问："妈妈，12块钱多吗？"我在忙着，其实没怎么听懂他的意思，随口说道："多。"我听到身后四岁的小朋友轻轻叹了一口气。这让我很吃惊，这么小的孩子怎么会叹气？

第二天晚饭后，维克多还是有点不舍得放弃地问我："妈妈，那你有12块钱吗？"他的表情让我觉得需要蹲下来跟他好好沟通了："我有，你需要12块钱做什么，告诉妈妈就行。"维克多表情为难地说："幼儿园老师说，以后幼儿园每天下午3点后开设美术班，所有的纸和画笔都是幼儿园提供，但是每个月需要交12块钱，我担心你没有这么多钱。可是我又很想很想去画画，所以不知道该怎么办。"这么小的孩子开始为钱操心，突然意识到背后应该是有故事的："妈妈每个月都会按时给你交幼儿园的画画课费用，可是你为什么担心妈妈没有这笔钱呢？"他没有哭，但是表情非常难过："我们幼儿园很多小朋友的爸爸妈妈下岗了，好多小朋友不来了，小旭也已经不来幼儿园了，老师说这些小朋友家里没有钱继续上这么好的幼儿园，我好担心，他们家里是不是会没有吃的，会不会以后都没机会读书，他们怎么长大。"

　　孩子的这段话听得我眼泪都要掉下来了，多可贵的童心啊，他已经开始担心小朋友们的生活和未来了。维克多扬起稚嫩的小脸望着我："妈妈，你跟爸爸会下岗吗？"说实话，我当时觉得自己智慧不够了，我不知道怎么跟四岁的孩子解释经济转型、下岗和再就业，解释个体的转身和成长。但是我不想给孩子一个假象和谎言，就是我们不会下岗，但是跟他表示，即使下岗我们也会重新找到工作，不会影响到家庭生活。估计我的解释苍白无力，所以那几天，小小的维克多心事重重，每天他睡着之后，看着孩子让我心疼无比，但是不知道该怎么帮助孩子减压。

夫妻同心，帮助孩子

　　后知后觉的先生终于发现了端倪。我还记得那是周末，当时我在带高三年级，周末也要上课。先生自信满满地跟我说："放心吧，这需要男人之间的对话来解决。"记得我从教室出来，不经意往楼下的操场上瞥一眼，看到了让我动情的一幕：跑道上有儿子小小的身影，他在跟爸爸赛跑，已经满头大汗了，应该是跑了很久了。过了一会儿，父子俩拉着手走向三级跳远的沙坑，开始坐下来休息和玩沙子。我看到儿子仰着小脸望着爸爸，爸爸在跟他说着什么。放下手里的教科书和资料，我有点急不可耐地跑下楼，他们看到我就走过来，儿子小脸通红，开心地对着我说："刚才我跟爸爸赛跑，两个人都有赢过。"我疼惜地蹲下来给他擦汗和擦掉小手上的沙子，他的表情一直很灿烂，走到校门口的时候，他大声说："妈妈，我们渴了要喝水，我还想吃一个冰激凌，爸爸可能也想吃。你可以给我们买吗？"

　　看着恢复了轻松快乐神态的孩子，我真的很感慨，小声问先生究竟跟儿子说了什么，他就放下了那份担心？先生笑嘻嘻地说："我只是跟儿子说，如果爸爸下岗了，我们家就发财了。我还答应他回家给他看所有的证书，大学毕业证，研究生毕业证，高级工程师证，还有省级和机械工业部的科技奖励证书，告诉他我们现在其实是拿着很少的钱为国家做贡献，很光荣，但是如果这个岗位不需要我们了，就可以凭借自己的本事为家庭做贡献，很幸福。"先生后来跟我说看着那么小的孩子在大操场上跑步很心疼，但是足够的运动和父亲用实力说话的解释方式，应该都是很好地减压方式，后来维克多没有再跟我们提起这件事。一直到进入小学报到的第一天，中午我等在校门口接他，他冲出来跟我说的第一句话竟然是："妈妈，我看到小旭了，他就在隔壁班，没有饿死，而且长高了，跟我一样高，而且脸蛋还挺有肉的，嘿嘿，说明他爸爸妈妈还是很厉害的，太棒了，太开心了。"北方九月的艳阳下，凉爽的风里，儿子在我身边蹦跳着，可是我却突然想流泪。后来想想，其实当时应该有更好的办法，我完全可以找幼儿园老师拿到地址，带孩子过去看看小伙伴，那么他早就放下心来了。

家庭变故，影响力颇大

之所以跟读者朋友们分享这个故事，其实是在班主任生涯中看过很多类似的事情，我曾经有一个非常喜欢的学生，健康、阳光，充满活力，跟我也很亲，情同母子；后来我发现孩子频繁地、不经意地喊累，我统计过，最多的一天他跟我说过十几个"好累啊"。而且麻烦还在后面，本来生龙活虎每天活跃在篮球场上的小伙子，竟然在普通的体育测试后脸色煞白地瘫在操场上站不起来；并且有几次竟然是半夜被妈妈送到医院吸氧，他的主诉就是胸口憋闷，不能呼吸。但是体检所有脏器官都正常，所以我当时建议家长带孩子去看心理医生，医生的诊断尽管意料之中，但是依然让我很难过很心疼：重度抑郁，中度焦虑。当时心理医生认为普通的心理辅导已经没有用了，必须药物干预，但是我依然不死心，开始对其进行特殊的心理辅导。我想尽办法让孩子倾诉，当时能够判断出压力源来自于家庭，但是具体诱因不清楚。在孩子后来慢慢减压的文字倾诉中，他写到一个片段：家里生意遭受重创，为了解决问题，爸爸妈妈尝试过假离婚，他看见了他们草拟的离婚协议书，当时父母都不在家，他疯狂地跑到父母的厂里，发现他们没在，然后才发现自己竟然都没有穿鞋；父母为了不让孩子过早承担生活的压力，并没有把实情告诉孩子，依然保持他的零用钱不变；他了解了父母的苦心，所以也没有说破这件事，但是所有的压力都藏在心里，没办法诉说，没办法面对以后严酷的现实，这应该是孩子患病的重要诱因。他写的这段文字，我每看一次就会掉一次眼泪。尽管后来我们想尽办法，帮助孩子战胜了抑郁成功康复，但是每每想起这件事依然让我心有余悸。

多年之前还有一个孩子，父母发生婚变，当时已经是高二下学期，他们为了不影响孩子的心情和高三学习状态，利用父母本来就两地生活的状况，选择跟孩子隐瞒实情。但是最终孩子还是发现了，当时马上就放假了，所以我花费了很长的时间才让她的父母接受跟我合作解决孩子心理压力问题这个建议，我们一起想了很多办法，终于帮助孩子驱散了心里的阴霾。

很多成年人以为的问题实质，和孩子的视角看问题的方式有很大的不同，原本孩子只要接受婚变对她的影响这一种心理干预，可是此时增加了很多内容：对父母开始不信任，觉得成年人的世界很虚伪，对感情很绝望。父母选择隐瞒，其实是增加了工作的难度。这是孩子不能解决的问题，千万不要认为时间可以疗伤，孩子只是把这些压力放到潜意识中，但问题依然还在，没办法消失，除非有适宜地疏导方式，才能排解。生活中面对孩子可能因为客观原因带来的冲击和压力，甚至是伤害，所谓"善意的谎言"其实并不具有广泛的应用价值，甚至可能加剧冲击和伤害，因为孩子内心没有建立预警和防护机制，在不设防的情况下，这种冲击的破坏力更大。选择跟孩子一起面对，既有面对突发情况的危机干预，更要有长效的辅助手段。比如，上文中那个识破了父母婚变的姑娘，这个案例我跟踪了七年，一直到她大学三年级，终于有了喜欢的男孩子开始谈恋爱，我才真正放下心来。我还记得那是六月份的一个周末，维克多从美国飞回来度假，我站在阳台接学生的电话，放下电话的时候，没敢进房间，而是站在阳台上激动地抹眼泪。维克多先生发现了母亲的异样，偷偷问爸爸："妈妈怎么啦？刚才还跟学生嬉皮笑脸地打电话，怎么开始哭了？"先生笃定的悠悠说道："没事，你妈排毒养颜呢。"

家庭之外，还有学习

维克多小学四年级的时候，面对了另一次真正意义的挫折。他三年级在小学生作文竞赛中获得全国奖，爱动脑筋的维克多尽管没有像其他孩子那样被家长督促着课外补习"吃小灶"，但是学习能力很强，在数学方面遥遥领先。所以刚进入四年级，他同时被语文和数学老师选进了竞赛辅导班，开始准备参加十月份的全市学科竞赛。后来接到正式通知，两门学科的竞赛时间都在一天，为了确保赛前集训的质量，数学老师跟语文老师协商的结果是让维克多退出作文竞赛辅导，一门心思主攻数学竞赛。孩子回来跟我们说这件事的时候，我们觉得如果孩子能接受就可以。可是最后面对仅有的两个名额，数学老师开始犹豫了。维克多是小学二年级转学过来的，没有参加任何校外补课的经历，而另外两个孩子，据说家长已经找人帮他们把初一的数学讲完了。并且之前他们俩有过参赛经验，尽管成绩差强人意，但是跟璞玉未琢的维克多相比，显然有一定的优势。最后的结果就是，当竞赛日到来的时候，本来有两个机会的维克多，变得一个机会都没有了。当孩子面对这样一个难过的、尴尬的局面，我跟先生商量怎么帮助我们的儿子渡过困难期。

正好有朋友送给我们几张一个面向学生的大型展示会的票，我就跟维克多说，他可以邀请几个小朋友，让爸爸带你们吃饭、参观，然后带你们到公园玩。

维克多黯然神伤："平时跟我玩的同学都在竞赛呢。"

我说："你们班参加作文和数学竞赛的小朋友有几个人啊？"

维克多说："四个吧。"

"那么就是还有很多孩子今天都没有参加竞赛了？"我开始引导孩子。

"好像是的，可是我也一下子不知道该找谁。"维克多还是有点伤心。

"你们班有没有那种其实跟你玩得很好，就是学习成绩不太好，所以大家平时很忽视的孩子呢？"我锲而不舍。

维克多说了一个名字。我们后来就邀请了这个孩子，由爸爸带着他们参观，然后吃东西，再去公园划船，最后父子俩送同学回家。我们安排的初衷就是尽量把那一天的时间占满，帮孩子冲淡内心的惆怅。但是没想到还有另外的收获，那个平时因为学习成绩被"边缘化"的孩子得到维克多的邀请受宠若惊，以后变化很大，据说到初中后他还跟同学说，以后如果学习不好就去学习武艺，长大了保护维克多，给他当保镖，维克多收获了一份珍贵的友谊；还有维克多似乎有点懂了不是所有的孩子都有表现自己的机会，有些孩子在人群中就是一直被忽视的，自己其实还算幸运。但是我一直不敢掉以轻心，数学竞赛成绩出来了，我观察着维克多的表情，他有点遗憾，觉得如果他去，应该有更好的成绩；第二年，我们的维克多小朋友早早做好了参赛前的准备，最后不负众望，拿到了全市一等奖。后来他自己说，那件事应该是好事，让他以后在做每件事的时候都会全力以赴，然后坦然面对结果。

陪伴孩子成长，是一件幸福的事情，可是亲爱的读者，所有的幸福本来就不是一帆风顺，会有风浪和起伏，会有痛苦和眼泪。跟孩子一起面对，一起成长，后来会发现，我们的人生因此更丰厚。

小哈有感

付老师本期文章中所说的其实是一种广义上"挫折"，身为父母，始终要让孩子明白的是：人的一生不会一帆风顺，难免会遇到一些困难、坎坷或是沉重的打击，也许会让你猝不及防。面对这些，你可以害怕难过，可以悔恨伤感，但有一点却不可忽视，只要你有面对它的勇气，你依然还会是一个幸福的人。

孩子成长过程中最容易遭遇的"挫折"主要来自两方面：就是付老师在文章中提到的——家庭和学习。

关于家庭，父母的离异对孩子而言无疑是最大的"挫折"。一纸离婚协议，在夫妻看来可能只是婚姻状态的改变，但在孩子看来，这意味着原生家庭的分裂，意味着对"家"的理解将要重新定义。草草签下姓名，离婚协议就此生效，而在这个转折点产生的前与后所发生的事件，才是对孩子影响最为深远的，打击也是最为沉重的。

关于学习，挫折感往往来自于学习问题的长期积压，很多学生在学习上遇到一点小问题就会变得越来越脆弱，甚至自暴自弃，但也有学生越挫越勇，这都取决于心态。即使是学习成绩优异的维克多，也会因为"经验不足"被排除在比赛名单之外，从最初的"两项比赛"到最后"无赛可参"，这其中的落差换作是成年人或许都有些难以接受，但维克多在付老师夫妇的引导下，成功赢回了良好心态，并在次年的比赛中勇夺第一。俗话说："胜败乃兵家常事"，父母要让孩子明白：在学习的征途中成功与失败都是"常有的事"。如果孩子不能视"胜败"为"常事"，那么等待他的或许就是无尽的焦虑、忧郁……

"挫折"不仅仅是说孩子成长过程中的各种"输不起"，还包括成长环境中各类不确定因素导致的负面影响。其实，在孩子面对"挫折"时，父母也是有办法"化干戈为玉帛"的。譬如，当父母不得不分手时，这种生活中的"不如意"也正是孩子理解真实生活的重要时机，如果父母在这个过程中是平和、豁达、自信的，孩子就会体现出极高的理解力和接受力；譬如，当孩子在学习方面遭遇不顺，父母在弄清原因后需要采取不同对策：帮助其分散注意力；鼓励孩子给予信心；利用自己的知识存储辅导孩子……

方法有太多太多，针对不同的孩子总不能千篇一律，细心的读者一定能发现，付老师特别注重"具体问题具体分析"，这也是每一位父母应该做到的。孩子遇到挫折，绝不是百度一下就能解决的，需要您在了解、观察孩子后才能得出一份专属于您孩子的"对策"。

父母该掌握的沟通技巧

每临近考试周，面对孩子的成绩单或者学校即将召开的家长会，很多家长心里会忐忑不安，又很无奈。不少家长、学生也都向付老师发出"求救信号"，跟孩子怎么沟通和交流才能帮助孩子突破成绩的瓶颈，又不至于造成亲子之间的隔阂和冲突？希望今天付老师讲的故事对你有启发。

当孩子考试成绩不理想

今年六月份我送走的这届高三毕业班，是上海高考改革新政的第一年，高二就开始进行等级考科目的授课和考试。孩子和家长的状态跟往常的高二状态完全不同，压力很大，充满着紧张的情绪。我还记得是一次考试后的家长会，家长们已经陆陆续续开始进教室了，我站在教室门口跟大家打招呼，突然发现走廊里，小A同学和妈妈正在辩驳什么，两个人的神情都很严肃，充满着火药味。我走过去轻声问学生："怎么啦？住在学校里一周都没看见妈妈了，你看妈妈还给你带好吃的来了呢。"孩子一脸不悦地说："看到成绩单劈头盖脸地就说我不用功，我怎么不用功了，数学物理都考班级前五名她看不见，只看见历史考了58分就抓住不放。"旁边的妈妈也很焦急："如果就是一个历史没考好，妈妈不会这么着急的，你看你语文只有61分，英语平时都是强项，这次只有65分，理科的确还不错，说明你不笨啊，但是所有文科都没考出好成绩，不是说明你没有努力还是什么？"

小A脸色更难看了，似乎意识到大庭广众跟妈妈这样争吵很难堪，但是又实在是不接受妈妈的结论，于是准备甩手走开。我拉住了他："妈妈还真的可能没了解清楚情况，下了班估计都没来得及吃晚饭就来学校了，让她也坐下来休息一下，现在给付老师当五分钟儿子，管付老师叫五分钟妈妈。"小A有点不好意思了，挠挠头发跟着我走进教室，大部分家长都已经坐好，我说我们母子即兴表演一段拿到成绩单后的亲子沟通，看看对大家是否有启发？孩子有点吃惊，他小声问我："老师啊，咱们都没排练过，这么多家长看着，万一咱俩演砸了怎么办？"我小声跟他说："放心吧，老师相信你，你也相信老师好吗？"

正确演示

还是刚才那个情境，其实当时争辩的样子周围有些家长已经看到了，他们觉得这样的画面估计也会在自家上演，所以也想看看，假如我是妈妈，面对一份这样的成绩单，会怎么做。我们开始入戏了，下面是我们的对话（付老师简称"付"，小A称简称"A"）：

付：回来啦儿子，怎么了？好像有点不开心？

A：别问了，成绩单发下来了，考得不好，我真的不是没用功，可是还是这个样子，看来高三也不会有什么起色了，没什么希望了。

付：给妈妈看看。数学考了班级第二名，物理考了班级第五名，这么棒啊，真不容易。让你难过的是文科的几门功课吧，这次文科试卷的难度怎么样？

A：其实只有英语有点难，也不是难，就是听力速度有点快，大家一下子还不适应，都受到一点影响，语文作文我有点偏题了，从来没有过的，不然语文分数不会这么难看。历史就是不知道该怎么学习了，书也背过，可是答题逻辑还是有问题。

付：平时跟你相处比较好的同学中，有没有谁的历史这次考得很好的？

（A说出一名同学的名字）

付：既然是好朋友，你有没有平时观察他是怎么学习历史的呢？

A：他跟我们不一样，笔记本就比我们大很多，他把笔记本每页都分成三部分；第一部分记录老师上课的笔记；第二部分记录自己回家复习后补充的内容；第三部分会把中国历史和世界历史进行一些比较。

付：这么有想法啊，看来这个办法管用了，他这次才能考出好成绩。

A：还不止呢，他假期看很多有关历史的课外书和纪录片，所以我们枯燥的背诵知识点的时候，他脑子里估计飘过的都是历史画面。

付：天哪，真的太有办法了，这样会提高学习兴趣吧？

A：还有呢，每次考试前，他都负责给我们讲题目，都不用看书的，实在记不清楚的地方就翻看一下。

说到这里，小A的表情不仅缓和下来，而且开始若有所思："看来我学历史也可以用他的方法啊，今天回家就开始尝试。而且老师我突然想到了另外一个应该很有用的方法，现在不好意思跟你说，等我试验成功就告诉你。还有，英语我本来就不担心，只要熟悉这样的语速就好了，作文提高似乎也可以跟同学学习一下好办法，等我观察一下再说，谢谢老师。"

此时的小A脸上是轻松的表情，我们沟通的时间只有五分钟，我基本就没有给任何建议，只是帮助他从自己周围同伴身上找到可以借用的经验，随着孩子年龄的增长，同伴之间的影响力显著增强，聪明的家长一定要善于利用这个资源啊。助人自助，这原本是心理咨询师面对来访者开展心理辅导工作的重要原则，其实这样的原则同样适用于家长、老师与孩子之间的沟通。亲爱的读者，你可以试试，真的会有帮助。

负面情绪具有传染性

这个案例中最初在孩子本来就很难过和焦虑的情况下，妈妈"贴标签"——"你文科成绩不好就是没有用功"的判断不仅激怒了孩子，还阻断了母子进一步沟通的渠道。

付老师跟孩子的对话，首先是让孩子的情绪降温，然后营造可以让孩子倾诉的氛围，并且努力调动孩子自身的资源，寻找到他可以转变目前困境和压力的方法或者途径。焦虑的情绪似乎具有传染性，我们周围很多妈妈们都被传染了，就像网上那个段子说得那样：不考试不写作业的时候，母慈子孝，一旦开始读书就鸡飞狗跳。你的焦虑不能对孩子有任何帮助，还可能让他压力更大。

2011届高考的时候，第一场语文考试，我和同事们在晋元中学门口送考，大门已经拉开，学生们开始陆陆续续走进考场。我徒弟班级的一名男生刚转身准备进考场，送考的妈妈神情紧张地拉住他："儿子，快点看看，身份证有没有带？"孩子马上翻看一下，说带来了，然后准备继续往前走。妈妈再次拉住孩子："儿子，快点看看，电子学生证有没有带，三证合一才能进考场。"孩子再次顺从地翻看了一下，回答妈妈带来了。当孩子又准备走的时候，妈妈再次发问："儿子，快点看看2B铅笔，刚刚在出租车上，你的书包掉了，如果铅笔出问题就不能涂卡了。"孩子终于忍不住态度恶劣地回了一句："你杀了我吧，一次又一次的，到底要干吗？"妈妈完全没办法控制自己的紧张情绪，几乎是爆发状态："你这个孩子不知好歹，我不是为你好吗？"

该如何正确沟通？

其实，母子都懂得不该争吵，都懂得此时需要控制情绪，可是母亲首先情绪失控，把孩子的情绪带到了恶劣的状态中。徒弟很紧张地问我："现在怎么办？"没有时间沟通，也来不及细想，好在我是他的任课教师，平时孩子跟我关系很好，所以我说看我的，就走过去拥抱了那个男孩子，什么都没说，就是抱着他，半分钟过去了，我觉得他缓和了很多，我就拍拍他的后背，他也拍拍我的后背回应我。我推开他，回头手搭着他妈妈的肩膀对他说："十二年磨一剑，今天是扬眉剑出鞘的日子，相信你，我们的小帅哥一定能发挥自己最好的水平，加油。老师陪妈妈等你。我们会照顾她，放心吧。"他跟我和妈妈做了一个加油的手势，然后大步走进考场，那个背影，带着男儿初长成的勇气。徒弟长出一口气悄悄跟我说，终于知道什么叫"四两拨千斤"。孩子的妈妈也充满了感激。

其实当时来不及做什么，只是帮孩子缓和下来。几年过去了，有一天我收到一份他的邮件，邮件内容这样写道："老师，也许你已经忘了我是谁，可是我永远都记得，在我高考第一场最紧张最恐惧的时候，一位美丽的女老师，给了我一个最温暖的拥抱。"（这辈子除了我妈，您是第一个抱我的女生。）

先解决情绪问题——自己的和孩子的，才可能再聚焦孩子面临的真问题，这样的办法，你试过吗？

先情绪，后问题

这样的方式我在维克多身上也用过。他小学二年级的时候，我们从北方来了江苏，最初我有点担心孩子的适应能力，但是还好，聪明懂事的维克多很快就跟老师和同学们相处得很好，也基本适应了当地老师上课不标准的普通话和偶尔冒出的方言。期中考试回来，他信心满满地跟我说："妈妈，我这次数学应该可以考100分。"然后热爱美食的维克多小朋友开心地问，如果他数学考100分，可不可以带他去吃肯德基？我答应了，二十年前，肯德基食品，在那样的城市，还是孩子们渴望的食物。

第二天下班的时候，我站在教学楼的台阶上就看到了垂头丧气的维克多小小的身影走了过来，眼泪在眼圈中旋转着，但是不掉下来："妈妈，我又不小心漏掉一个计算题的单位，所以没考100分，只有99分。"我摸摸他的脸蛋："是不是很难过？觉得不该被扣那个分数，下次做题目的时候，检查试卷要怎么检查呢？""就像没做过一样，从头到尾好好看清楚，因为我做得比别人快，有很多时间检查，我就是觉得没有不会的，所以就忽视了。"维克多难过地抬起脸望着我："妈妈，今天是不是不能去吃肯德基了？因为都没有100分。"我把他抱到台阶上，让他跟我目光基本可以平视："宝宝是不是特别想去？而且也找到了检查试卷的好办法？那么今天我们还去吃，如果考了满分，就叫奖励，没有满分，就叫鼓励，你觉得怎么样？"他的表情一下子灿烂起来："妈妈，我下次一定会非常仔细检查的，真的不会再犯这么低级的错误了。你相信我好不好？""妈妈相信你，一定会做到的，是吧？"我鼓励地看着他。

第二天放学回来的维克多开心地跟我说，他跟小伙伴们说了这件事，他说："妈妈，大家都说你是世界上最好的妈妈。"尽管有忽悠的成分，但是我还是有点沾沾自喜："最好的妈妈都要有哪些标准啊？""理解孩子，相信孩子，愿意听孩子说话，还得美美地。上次运动会你去接我，站在我们班后面的时候，小朋友们就不断回头看你，还问那是谁的妈妈呀，那么好看。我就说是我的妈妈。"

一味地责怪，令孩子心寒

　　昨晚在地铁上接到一名学生的求助信息，开始他什么都没说，只是把自己跟妈妈沟通的信息截图发给我了，孩子很沮丧，要求心理辅导。考试成绩出来了，突然觉得自己很难过，有无力感，真的不是没有努力，就是进入高一后莫名的压力，节奏怎么都没有调整好，妈妈回复了一段这样的文字：制订好整改计划，周末回来开始实施。我能帮助你的就是会把你的手机换成老人机，只能打电话发信息，剩下的靠你自己了，好自为之。孩子说看了这段文字真的觉得心里冷冰冰的，妈妈什么都不问，既不听孩子的想法，也不跟班主任和任课教师沟通，简单武断地下结论就是住校的孩子肯定玩手机浪费时间，没有好好用功，所以才考砸的。他说我不想浪费脑细胞跟她解释了，什么都不想做了，觉得人生怎么这么艰难。我跟他沟通差不多半小时后他说："老师，我好多了，我可以把你跟我说的话截图发给妈妈吗？"

　　以前还有一名学生考试成绩出来后给我发的一段话是这样的：看着成绩单，也没觉得难过，只是回家随意地翻出几首老歌反复地听，跟初中几个很久没有联系过的好朋友发了几句话，然后一个人蜷缩坐在地板上，泪流满面。

请珍惜这段亲子缘分

　　这种压力和痛楚，孩子表达得那么清晰和完整，此时不需要简单的结论，更不需要所谓的整改措施，第一步，帮助孩子倾诉，因为压力慢慢减轻后才能有思考的可能，跟孩子一起想办法面对成长的痛和困境。

　　所谓沟通技巧，就是一定要记得，我们面对的是孩子而不是天使，他们有性格，有脾气，会犯错，但是会成长。接纳孩子成长中遇到的问题，倾听孩子的心声，陪伴孩子走过注定不平凡的岁月，引导孩子逐步走向成熟。

　　就那么几年，他在你身边，然后很快长大了，留给你的是永远忙碌的背影。好好珍惜这份情缘，因为不知道有没有来生，不知道来生我们还能不能再做亲人。

回首各位娃爸娃妈们的学生时代，一定流行过这么一句话——"分、分、分，学生的命根。"意思是说考试分数是衡量一名学生好坏的唯一标准。时光飞逝，当年的学生已成家立业，有了自己的孩子，你们的孩子如今正在接受着分数的考验，或许是角色变了，那句话也随之变成了——"分、分、分，家长的命根。"

每到考试后，学生、家长都盼着考试成绩出来……没有对比，就没有伤害，考试结果总是几家欢喜几家愁。尤其每每临近考试，向付老师求助咨询的十有八九是为孩子的考试成绩问题，即使涉及孩子早恋、心理等其他问题，也是从注意到孩子的学习成绩下降开始的，似乎只要孩子学习成绩好了就万事大吉了，而孩子成绩一下降，家长就觉得非常焦虑。

家长对成绩的如此"重视"，其实很容易导致孩子对自己评价产生偏差——我没有考好，我就不是好孩子；也会让孩子从此惧怕考试、面对分数；甚至会损害孩子的自尊心——平时成绩再好，一次不好，就是罪人，从而造成孩子和家长之间的"敌对"关系。

美国教育家斯宾塞曾经说过："身为父母，千万不能太看重孩子的考试分数，而应该注重孩子思维能力、学习方法的培养，尽量留住孩子最宝贵的兴趣与好奇心。绝对不能用考试分数去判断一个孩子的优劣，更不能让孩子有以此为荣辱的意识。"我国著名教育家、思想家陶行知也曾说过："你的教鞭下有瓦特，你的冷眼里有牛顿，你的讥笑中有爱迪生。"

各位爸爸妈妈们要明白，考试分数是学校在教学过程中对学生的某门课程进行阶段性检查所做的成绩评定，它只能在一定程度上反映学生对学科知识的掌握情况。作为家长，如何用科学而又严肃的态度正视孩子的成绩是一门大学问，如果你还不知道该怎么与孩子沟通成绩问题，或是如何面对孩子的低分，不妨参考一下本期付老师的"正确演示"。

面对"低分"，孩子作为当事人，情绪上的难过、失落一定更强烈，家长此时的责怪犹如"雪上加霜"，何不先安抚情绪，再沟通问题呢？效果岂非更佳？面对"考试"，孩子作为当事人，他们的焦虑、紧张相比家长一定有过之而无不及，此时家长具有传染性的焦虑无疑是"火上浇油"，何不用自己的情绪平复孩子的心情，让他们更有信心地走入考场呢？毕竟过度的紧张无益于考场上的正常发挥。

其实，除了成绩，家长和孩子之间可沟通的话题还有许多许多，这一段来之不易的亲子缘分望各位且行且珍惜。

提高家长在孩子成长中的参与度和关注度

随着社会生活节奏的加快，都市的家庭生活方式也受到一定冲击，一些平常的、温暖的家常画面，可能已经成为很多家庭的奢侈品：一家人围坐灯下的平常晚餐，周末家人的散步和聊天，假期安静的厮守和相伴……这些生活细节的缺失，带来的是家庭教育功能的弱化和盲区。我在实践调研中还发现更多值得担忧的现象：很多家庭分工明确，父母一方负责照顾孩子，跟学校沟通，另一方专心自己的事业，负责赚钱养家。父母一方一直缺席孩子的成长，成为"影子"家长，这种现象带来的问题和弊端其实已经被更多的人意识到了，我也看到很多文章都拿一些名人比较过——你有奥巴马忙吗？他依然不会缺席女儿的毕业典礼，依然会从繁忙的国事中抽身出来带着家人度假，享受的不仅是阳光沙滩，更是家人的亲密相处和温馨相伴。还有一些家长不是不想参与到孩子成长中来，是不知道怎么跟日渐长大的孩子相处，希望今天付老师的故事能够对你有启发。

一个"影子"家长的案例

去年秋天的一个深夜，高三一个很优秀的姑娘大半夜在微信朋友圈发了一段情绪非常冲动的文字，充满着感慨、极度厌倦和烦躁不安，甚至有出走的想法。担心引来不必要的关注，我没敢在页面上跟她说话，私信跟她聊了好久，觉得她的情绪略微平静了，才跟她道晚安，并约定第二天来办公室找我听她倾诉。

第二天来的时候她看起来还好，只不过一直扭着自己的手指，低着头，我注意到孩子的头发稀疏，应该是最近脱发严重。那两周前前后后来过三次，每次说的都是具体的跟母亲的言语冲突，觉得母亲干预过多，我基本就是在倾听，只要她还能继续说就让她说下去，把心里压抑很久的话说出来也是一种放松，但是每次我都能感受到她的烦躁不安，还有背后很多说不出的委屈。终于第四次来的时候，我问她："是不是妈妈只要走进你的房间你就开始不安了？"

她迅速地看我一眼然后低头："其实只要她回到家里，我就开始烦躁。她进入我的房间，我就已经要爆发了，我不愿意面对她，还有她那些颐指气使的、所谓为我好的指令。"

"你是觉得自己不喜欢妈妈，还是不喜欢妈妈的沟通方式？是不喜欢妈妈的话题，还是不喜欢妈妈？或者是有别的情绪？"我开始试探地引导她面对自己心里真实的想法。

"那么多年她都在忙自己的事情，都把我丢给爷爷奶奶，现在突然跳出来，我没办法接受她的所谓好意，她根本就不了解我的想法。"姑娘的情绪开始激动了。

每个人心中都有委屈

亲爱的读者，相信你看到这里也会跟我一样懂了姑娘纠结的症结在哪里了。其实孩子不是不喜欢妈妈，只是内心一直都有委屈：把我一个人丢给爷爷奶奶，现在觉得马上要高考了，你们才想起来关心我，可是完全不懂我，干吗要回来打破我的平静生活？说得残酷点，孩子觉得你就是一个外人，一个没有走进她生活的陌生人。可能父母也会有委屈，但是事实就是亲子关系疏离之后，你所谓的关心都变成了孩子的压力，是没办法进行正常的沟通和交流的。

其实也许就是孩子呼唤很久了，都没有被父母听懂，现在孩子情绪的爆发，是数年累积的结果，而不是具体纠结在哪件事上。哪件事都可能成为亲子冲突的导火索，因为孩子心里的压力一直都没有出口。

如果孩子的母亲看到这篇文章，估计会很委屈，我没办法啊，必须去工作，所以只能是老人带孩子，但是在心里我是爱孩子的，一直关注孩子的。

真的是这样吗？除了把孩子全方位托付给长辈，我们真的就没办法自己参与到孩子的成长中吗？

不要辜负孩子的依赖

再说另外一个故事：我妹妹是工作勤勉的优秀医生，我还记得她的孩子很小的时候，晚上临睡前，小宝宝会很认真地叮嘱妈妈："明早你出门的时候一定要叫醒我。"我有点不解，妈妈上班那么早，小孩完全可以睡到自然醒，反正醒来的时候家里还有外婆呢。妹妹小声告诉我："一定要叫醒他，不然他会不开心的，因为早晨没有跟妈妈说再见。"我注意到一个细节，妈妈轻声叫醒了沉睡的孩子，然后说妈妈上班去了，你在家乖乖的。妈妈关上门，孩子迅速地光着小脚丫跑到客厅，站在沙发上很久，才回到自己的小床上继续睡觉。我后来从客厅的那个角度看过去，瞬间懂了孩子的想法，那里可以一直看到下楼的妈妈。

如果我们看到孩子期待和不舍的目光，懂了孩子对父母的那份信任和情感依赖，还会把孩子全都托付给老人带吗？

孩子最好在父母身边成长

把孩子交给长辈，尤其是婆家和娘家家长轮流带孩子还有一个弊端，就是孩子需要不断转换生活习惯中模仿的模特，很容易造成他的不确定性。而生活习惯的培养，会影响到未来的生活品质以及待人接物，这些都是隔代教养可能出现的潜在的问题。

父母在孩子成长中参与度和关注度不高，会带来很多问题。有时候，父母自己不进行深刻的反思，甚至会忽视自己的缺位。前几年我曾经问一位家长：你了解女儿吗？这位家长想都没想就说"很了解啊"；我再问：平时跟女儿沟通多吗？妈妈说很多啊，现在看的什么书，感兴趣的话题都会一起聊的，周末回家的孩子总是可以有一些话题跟家长说的。我最后问了一个问题，母亲终于沉默了，我的问题是：你能说出孩子最好的三个朋友的名字吗？能说出女儿最喜欢跟她们在一起做什么事情或者共同的兴趣爱好吗？

这种表面看着似乎有参与度的假象，会成为以后亲子沟通中很大的障碍，家长觉得我了解自己的孩子，孩子其实觉得家长看到的自己和真实的自己有很大的差别，再加上家长对孩子的期望和要求与孩子实际情况的差异性，使得亲子沟通的种种冲突具备了足够的条件。

如何提高在孩子成长中的参与度

1. 与孩子一起做一件需要坚持的事情

我朋友的女儿小时候胆子很小，而且身体有点单薄，我还记得在北方寒冷的早春的清晨，我看见很多次年轻的父母带着女儿在社区里跑步。据说这个习惯被女儿一直坚持下来。

如跟孩子一起学习某项技能，我的一名学生家长曾经坚持好几年的时间带着孩子做陶艺，目的是培养孩子的专注度，在这个过程中，母子俩可以交流很多话题，进行深入了解，亲子关系融洽之后的沟通变得水到渠成。再如跟孩子一起参与到社区的公益行动中，一起为贫困地区的一个孩子助学，甚至坚持每周末去健身房锻炼两个小时，这些都是一件值得跟孩子一起坚持的事，只要你尝试坚持下来，收获的一定不只是这件事的成果那么简单。

我的同事是二宝妈妈，她的大宝有一个特殊的爱好，就是乘坐公交车。而且每次都选择坐在靠近司机的地方。不是为了去哪里，就是单纯地乘车。孩子甚至能够从司机的动作就判断出司机换了几档，每条线路周围都是什么街道，每条街道上曾经有什么故事。只有大宝一个人的时候，爸妈每周末都会陪着大宝进行这种别人看不懂的"周末城市旅行"。后来有了二宝，爸妈就带着两个孩子一起，渐渐地，二宝也喜欢上这种活动，乐此不疲。每次看到年轻的妈妈发的照片，看着一家人脸上恬淡、满足的微笑，我都觉得那种发自内心的相互陪伴，是生活最好的模样，这样的童年记忆，是父母给孩子多好的一笔财富啊！

2. 每月固定的家庭日

这是很多家庭都尝试过的做法，每个月固定的几天我们放下手头所有的事情，家人都聚在一起，不处理公事，只是享受家人相聚的简单温馨的时光，让每个人都放下心里的负荷，卸下征尘，这时候的沟通是最容易的，家长如果能在家庭日中采取一些智慧的沟通交流方式，会取得意想不到的效果。孩子会更愿意跟你说说心里话。

3. 与孩子外出旅行

外出旅行过程中，在不同的人文环境中，这种相处的亲密感会加强。维克多小时候很多暑假我们都在到处旅行，我还记得有一次我们是在无锡换乘进行长途旅行，十岁的维克多背着一个大大的旅行包装满换洗衣物和日常用品，两只手上提着两个袋子，一个袋子装满各种零食，另外一个袋子是我们刚买的午餐，他表情严肃地跟我说："火车在这里只停留三分钟，你注意拿好自己的小包，跟上我就好，如果跑的话要用大腿带动小腿，你不能像日本女人那样，只有小腿在动，会影响速度的。"然后看看我的裙装，一脸无奈地摇摇头："下次旅行不要穿裙子，很不方便的，记住了吗？"我表情认真地听着小指挥员发出的指令，不断点头。

他初一的暑假，我们在北京旅行，我记得那天是爬长城，长城上风很大，阳光很强，我为了遮阳，撑着一把伞，维克多很严肃地说风太大撑伞不安全，后来我注意到他一直走在我外侧，一直抓着我的手臂，担心爱美的不肯被晒的妈妈被风吹到长城外面去，我小声跟他说："你也太小看你妈妈的体重了。"每次走到比较陡峭的地方，他都是先下去一步，然后站稳再扶着妈妈走，这个暖心的大男孩引得周围人的一阵艳羡。

其实每次出行的时候，他觉得他需要照顾妈妈，责任感油然而生。还有他会发现自己很有用，很有成就感，如在北京一周，他几乎给我讲了整部的明清历史。还有你的价值观潜移默化地会影响他。我记得有一次我们走过一个胡同，那里有一个名人故居，他说想去看看。我说："你进去吧，妈妈在这里等你，因为我不喜欢这个人。"他惊问为什么。我跟孩子说："这个人文章、学问都是一流，但是没有文人的脊梁，'文革'时一身媚骨，违背良心拍马屁，所以我不喜欢这样的人，不会去参观他的故居。"维克多后来搜集了很多这个文化名人的资料，懂了妈妈所说的文人的脊梁是什么，跟妈妈有了新的话题。

4. 记录孩子的习惯，制作家庭记录表

记录孩子的生活习惯和学习习惯的家庭记录表也是一件值得做的事。不少家长经常说我的孩子很磨蹭，孩子会反问，你怎么知道其他的孩子不磨蹭？一般我会指导家长进行三周左右的观察，并根据我提供的表格进行基本的信息记录，一方面让那些不知道怎么参与孩子成长的家长找到一个方法了解孩子生活的细节，同时坚持三周，这个习惯基本可以确定下来了。

陪伴一个生命成长，是一件幸福的事情

维克多十五个月大的时候，我先生去重庆读书，我每天给他写一封信，信中大量内容都是记录孩子的表现和进步，就是努力让那个在远方的人尽量了解孩子生活的小事，也会把爸爸的回信念给孩子听。所以维克多会说的第一个地名就是重庆。我记得我的朋友问他，长大了去哪儿做什么。一岁半的维克多奶声奶气地说："去重庆，读书。"因为那是他爸爸那时候的生活。那时候没有老人过来帮我，我只是每个月花费工资的绝大部分雇了一个保姆，白天把孩子送到她家，晚上下班再把孩子接回来。孩子睡着了开始做家务，深夜伏案给先生写信。

尽管那种辛苦是没办法描述的，但是何尝不是我们的财富？当我带着五岁的维克多到朋友家做客，他小声问朋友："阿姨，我可以用一下你家的卫生间吗？"当其他孩子拿着零食每个房间乱窜，弄得食物残渣到处都是，维克多安静地坐在客厅的角落里，吃好之后洗干净自己的手和脸，才去跟小伙伴们一起玩的时候，当朋友准备换外套，维克多会放下手里的玩具，问："需要我回避一下吗？"当朋友们惊呼，这个孩子的习惯怎么这样好，我觉得所有的辛苦都那么值得。

我们这代人其实很可怜，只有一个孩子，老天没给我们家庭教育中再来一次的机会；而且未来这代孩子身上的压力又那么大，尽管我们做好了社会化养老的心理准备，但是一想到把一个小人儿孤单单地留在这个世界上，他没有兄弟姐妹，遇到所有的问题都得自己扛还是让我们揪心。那就好好珍惜跟孩子的血脉亲缘吧，我们在一起的时候，好好说话，用心陪伴，不给未来留下遗憾。

小哈有感

看到付老师这篇文章，让我们想到了如今非常突出的一个社会问题，那就是留守儿童问题。许多父母为了给孩子更好的生活，孩子刚出生不久就外出工作，放弃了成长过程中对孩子的陪伴。虽然孩子的生活条件是变得好些了，可是他们的成长由于缺乏父母的爱，性格大多会变得孤僻、敏感、内向，这会对孩子的成长产生极大的影响，付老师文章中"影子家长"的案例就是一个典型的代表，所以说千万不要忽视父母对于孩子的陪伴，这将对孩子的一生产生影响。

很多家长或许认为孩子还小，陪伴他们的时间还有很多。然而时间流逝的速度远远超出我们的想象，这一刻孩子还在蹒跚学步，在你忙忙碌碌中，他们已能健步如飞。孩子转眼就会长大，和他们相处的时间其实并不多。现在许多新手爸妈对于和孩子的相处并没有耐心，和他们玩一会儿就把他们交给爷爷奶奶看管，自己跑到一旁去玩手机。也许他们可以享受到手机带给自己的快乐，然而放弃了与孩子的相处，会让自己和孩子都失去很多。

无论我们有多么忙碌，都应该留出一定时间来陪伴孩子，就像付老师文中说的："陪伴一个生命的成长，是一件幸福的事情。"如果您还不知道如何更好地陪伴孩子、参与到孩子的成长中，相信付老师给到的方法会对您有所启发。

父爱是生命的那条河

上篇文章中我们谈到了提高父母在孩子成长中参与度的话题，想必说到了不少妈妈的心里。有一个很有意思的现象是，迄今为止参与教育类话题讨论和进行评论的女性朋友远远多于男性朋友。其实也反映出一个普遍的社会现象，就是父亲在孩子成长中的参与度更是有值得探讨的空间。今天付老师就跟大家一起聊聊这个话题，希望今天的故事能对宝爸们有所启发和触动。

女孩的父亲 ——是偶像也是导师

我是被父亲从小表扬到大的女儿，这种肯定应该是我一直努力的重要动力。我已经形成了一个习惯，就是至今取得了什么成绩，内心的第一个想法仍然是，要是爸爸还在，知道这件事该有多好。无论是专著出版，还是评上特级教师，我一直觉得，只要我仰望天空，我的父亲就一直端坐云端，微笑着看着他珍爱的女儿。

父亲的认可

我曾经在给杂志社的稿件中谈到一个细节，当年父亲带着八岁的我去看苏联电影《乡村女教师》，从电影院出来的时候，北方的星空下，我带着无限的向往和对未来的憧憬，仰着脸问爸爸："我长大了就做一个像瓦莲卡那样的教师好不好？"爸爸笑着说："好，我女儿这么兰心蕙质的女孩子最适合做教师。"对于八岁的小女孩来说，得到爸爸的赞许似乎就觉得这件事有了很大的可能，那也许是我职业理想的起点吧。

父亲的专业背景是物理，但是一生博览群书，这个习惯对我的影响也很大，初中的时候，我就跟他看了很多苏联教育家的著作，我还记得自己曾经不知天高地厚地跟爸爸说："我以后想当一位教育家，我需要有一所学校，从幼儿园开始到高中，我自己当校长，我会认识每一个孩子，去倾听他们的梦想和烦恼。"我还记得爸爸微笑着听女儿带着梦幻描述未来，而且还不时地予以鼓励和肯定。

父亲的"救场"

大一的暑假，嗜书如命的我经常去书店淘书，我还记得那是一个黄昏，我心满意足地从书店出来，迎面见到了我小学的同学雪儿，那个年代大学升学率很低，雪儿没有考取大学，已经工作了。她穿着酒红色的旗袍，黑色高跟鞋，挽着发髻，画着淡妆，那么美，那么好看。我看得呆了，而且懵懵懂懂的我爱美之心突然觉醒了，然后是自惭形秽：彼时我穿着素色的棉布连衣裙，已经被我坐得皱巴巴的了；清水挂面的长发，素面朝天的脸上还有青春痘，平时清高自信的我变得局促不安。

还好爸爸下班经过那里，看懂了他女儿的眼神，爸爸从自行车上下来，热情地跟雪儿打招呼，她的父母也是爸爸的老朋友，然后说欢迎雪儿来我家玩，就带着我离开了。路过冰激凌店爸爸还帮我买了一个香草冰激凌，这个对我刚才的复杂情绪起到了疗伤的作用，但是还是有点悻悻然，我坐在爸爸自行车后座上，听着爸爸带着笑意说："我女儿这样刚刚好，这个年纪的小姑娘就是要穿得很简单，女孩子长大了穿旗袍才好看。"我不甘心地追问，那么我到底多大才可以穿旗袍，爸爸说四十岁，那时候穿起来最好看。好像爸爸那么说的时候，我就觉得心里很安定的感觉。

这件事应该是给父亲留下非常深刻的印象，那么不爱逛街的爸爸从那以后，每个假期都会督促妈妈两个人一起带着我和妹妹去买衣服，不厌其烦地陪着我们试穿，然后给出很好地搭配建议，而且爸爸的眼光很好，我还留着好几件当年的衣裙，依然好看。这个习惯一直保持到我结婚之后，维克多都已经很大了，我还享受着爸妈陪我买心仪衣服的幸福。

还有一件事，大一的寒假吧，我一直在等一封信，那封信在路上耽搁了好几天，爸爸看得出女儿的不开心但是并没有说破，那时候还有两天就过春节了，心不在焉的我洗碗的时候不小心打破了一只，然后蹲在地上开始捡碎片，一面捡一面借故掉眼泪。父亲完全都懂，他拉我起来帮我细心地擦干净手，回头故意跟妈妈说："春节期间不要让我女儿洗碗，弄破了东西孩子会不开心的。这个任务老爸做最合适，也不怕把手弄糙。"后来爸爸特意去师院看我，还给我写了两封信谈这个话题，但是当面从来没有跟我说这件事。做教育工作的父亲给女儿一个宽松的成长空间，他知道，没有办法代替我成长，只能看着我自己感受这个世界，我难过的时候，他用自己的方式告诉我：别怕，爸爸一直都在。

父亲的爱

父亲病重那个国庆节我回了哈尔滨，他虚弱地躺在床上，看到我们欣慰地笑了，我跟妹妹在她房间里小声谈着父亲的病情，但是又怕父亲察觉，所以待了几分钟就出来了，可是病床上的父亲却不见了，二十分钟后，爸爸脸上满是满足的笑意回来了，据说他先是到厨房查看一下，然后竟然亲自下楼去买我一直喜欢吃的烤饼和其他小吃。那个房子没有电梯，我的父亲是拖着病体上下七层楼完成这件事的。我忍着眼泪，努力吃着从小就喜欢的家乡食品，父亲就那么心满意足地看着。

尽管父亲没等到我四十岁，没看见他女儿穿旗袍的样子，但是我一直都相信，他在天堂看得到我，所以我必须好好地过好每一天，一直都做让父亲骄傲的女儿。据说，小时候得到父亲肯定的女儿长大了不仅自信，而且更容易获得幸福，因为她会按照父亲的模板去寻找可以陪伴她一生的爱人。我先生曾经说，我对他最高的评价就是：你怎么越来越像我爸爸的风格了。

维克多出生后，我一直按照我对父爱的理解期待那个刚刚成为父亲的人，但是这个人一直都是让我大跌眼镜。

"耍赖"的父亲

孩子三四岁的时候，爸爸教维克多中国象棋，简单的摆好棋子，说了一遍每个棋子都是什么，游戏规则是什么，然后让孩子看一遍，问是否看清楚了，小小的维克多认真地说看清楚了。年轻的自以为是的父亲就立马弄乱了棋盘，让孩子重新摆放清楚。我急得恨不得揍他：孩子还不认字，那么多棋子他怎么可能在那么短的时间内记住位置呢？这样会不会打击孩子学习的积极性呢？

但是维克多一点不着急，他对爸爸说："你再重新摆一次，我就都能记住。"等爸爸摆好，维克多自己主动拿手绢盖住一侧的棋盘，然后弄乱另一侧的棋子，自己一边想一边摆，摆好了再拿开手绢看一遍，简单地调整一下，就推掉全部棋子，重新摆放，竟然一个都没有放错位置；等到跟孩子下棋的时候，如果孩子处于劣势，爸爸就会一副小人得志的样子叫嚣：投降吧，你坚持不住了；小维克多坚决不降，拿着一个过河的小卒嘴里还高喊："冲啊。"没有几年爸爸已经远不是孩子的对手，然后这个人就采取更无赖的手段，最初是明着要儿子让他棋子，后来尽管让棋子爸爸也没办法取胜的时候，就开始偷着把孩子的棋子给拿掉。所以每次父子俩下棋的时候，儿子都喊我："妈妈快来，你帮我看着爸爸，他太玩赖了。"

我真的很生气，觉得他实在不是一位好父亲，面对孩子怎么这么没有章法？不应该是父爱如山吗？父爱不应该是很深沉的吗？可是这几个词汇我无论如何都没办法跟他的行为联系起来……

调皮的父亲

孩子在隔壁房间认真地写作业，爸爸偷偷扔纸飞机过去，上面还写着调侃孩子的话；然后就是父子俩楼上楼下地你追我赶，然后这个不靠谱的爸爸还会先翻脸。最让我无可奈何的一次是，他买了风筝对维克多说："爸爸带你去放风筝。"孩子兴高采烈地跟他下楼了，过了半个小时，脸蛋红红的维克多撇着嘴上楼了，我问他怎么不玩了，他说爸爸只是让他跟着跑，但是一直都不肯把风筝给孩子拿着。等那个人回来我问到这件事的时候，他竟然忍着乐说："不然我这么大的人自己玩风筝太丢脸了，让儿子跟着跑别人就以为我在陪孩子玩就没事了。"

我一直都对先生的教育方式很有微词，终于懂了改变另外一个人是一件非常困难的事情。但是后来发生的很多事情，让我开始对这种不靠谱的父爱刮目相看。

男人间的交流

那时候维克多上高中了，有一天我下班回家，暖心的维克多帮我接过手中的东西，还嘘寒问暖，然后等我回房间换衣服的时候，他爸爸回来了，孩子似乎迫不及待地跟他说外国的什么地方打起来了。我只听得那个不靠谱的爸爸兴冲冲地说："该，早就觉得那里欠揍了！"然后两个人开始一面看电视新闻，一面高谈阔论国际局势。我后来偷偷问维克多："国际时政也是妈妈的专业范畴啊，为什么妈妈回来的时候没有跟我说这件事呢？"他宽容地微笑着："女生不适合谈这么残酷的话题，您老人家看看国际时装发布会就好。"

刚上高中的维克多遇到了一些不开心的事情，比如，嫉妒他成绩优异而发狂的男同学，跟他一起值日但是不肯做任何事情的女同学，学生会中爱出风头但是又底气不足不能独挑大梁的学生干部助手，他都一一化解了难题。比如，那三个不肯做值日的女同学，据说看着满教室的垃圾竟然要哭了，还说在家里从来没做过这样的事情。维克多宽容地说："外面要下雨了，那么你们先回家吧，我自己能做好。"等到我高高大大的儿子独自打扫好教室出来的时候，发现三个女孩子还在校门口：因为已经下雨了，她们都没有雨伞。暖心的大男孩维克多拿出了自己的雨伞给她们，然后自己冒着雨跑着去乘车，我问他会不会心里不平衡，他笑嘻嘻地说："唉，她们的矫情和不靠谱都比不过我老爹，从小有我爹这种不按常理出牌的训练，啥样的同学我都能从容搞定。"

父爱，拥有特别的力量

亲爱的读者，今天跟大家说了两种不同的父亲，两种不同的父爱方式。其实我想说的是，从来没有一所学校、一门功课教我们如何做家长，也没办法知道究竟哪种方式才是最好的，但是从自己和孩子的成长中我终于知道，只要父亲努力参与到孩子的成长中就好，男孩子需要父亲的伙伴、榜样、安全感的支撑；女孩子更需要父亲提供的呵护、安全感、肯定和欣赏。但是所有的孩子都需要父亲的悉心陪伴才能健康快乐地成长。无论怎么不情愿，我们都得明白一个道理：随着孩子长大，对母爱的需求是递减的，而对父爱的需求是增加的。

父爱的表达方式会有很多种，随着孩子长大，他们终会明白父亲的心思。送维克多第一次飞美国的时候，预定的车子到了楼下，先生把孩子的行李安顿好，等我和孩子坐好了，先生拿着手机说："儿子，爸爸有一个电话要接，不能送你去机场了，一路平安！"后来维克多跟我说："我爹的借口太拙劣，他分明拿着的是移动电话，他不舍得我走那么远，但是从来都不说出来。"司机启动车子的瞬间，我一下子泪流满面，但是马上又忍住，怕孩子看到难过。等到机场跟孩子拥抱告别，看着儿子高大的背影越走越远，终于忍不住蹲下来失声痛哭，我唯一的孩子从此就是家里的客人，越是优秀的孩子，越不属于你自己。

回到家里质问那个逃兵老爸，为什么不跟我一起去机场，他望着窗外，轻轻地说："要是平时嬉皮笑脸的老爹都掉眼泪了，让孩子怎么出发啊？"后来我发现，其实父爱比母爱更细腻。维克多回国度假，厨房里的老爸会把辣椒上的筋都剔掉，因为孩子不喜欢吃很辣的食物，但是又喜欢有一点辣味；他的案头会提前买很多书籍，那些话题都是孩子关注的，等维克多回来了父子俩经常彻夜聊天。我还想起几件父子俩的趣事：维克多小学四年级的时候，我由于带高三，每天都要很早出发去上课，孩子就坚决不让爸爸送，一定要自己跟同学一起走。我后来问先生怎么处理的，他说每天悄悄跟在儿子身后，趁他不注意溜上车，到站看到他跟同学一起往学校走才自己乘车上班；维克多上初中的时候，孩子约了同学踢足球，准备出门的时候老爸不甘心地问："带不带爸爸？"儿子一面穿鞋子一面说："不带你。"等儿子下楼了，先生已经穿戴完毕，标准的足球运动装备，甚至还带了护腿板，我问他："人家已经说不带你玩了，你怎么还要跟着？"他笑嘻嘻地说："我去给他们当裁判，不带我我也跟着。"

有父亲陪伴成长的男孩子会更具有男子汉气概，有父亲悉心陪伴的女孩子比母亲独自带的女孩子更会撒娇，更自信。父爱较之母爱，能给孩子一个相对宽松的成长空间，更具有包容性，对孩子的个性发展其实都有很大的好处。即使是一些较严肃的父亲，他传递给孩子的规则意识、敬畏意识，这些都是孩子成长中必不可少的重要伦理积淀。所以不仅应该说"世上只有妈妈好"，更应该说"有父亲陪伴的孩子是个宝"。珍惜孩子长大的过程，陪伴才是父爱最珍贵的礼物。

小哈有感

现如今的确是女性更关心孩子的教育、生活问题，无论是去学校参加家长会还是听家庭教育讲座，总是母亲占绝大多数。伴随着父亲这个角色在孩子成长过程中的日益弱化，越来越多的问题也浮出水面，缺少了"父爱"，孩子容易焦虑、不自信。付老师本期栏目正是希望通过"女孩的爸爸"和"男孩的爸爸"的案例来告诉各位宝爸们——你的爱，对孩子至关重要。

不同于温柔细腻的母爱，父爱或许不会让孩子马上感受到温暖，但会在潜移默化中帮助孩子建立"安全感"。一个在成长过程中得到更多父亲欣赏、认可与鼓励的孩子往往比父爱缺失的孩子要更自信，当孩子遇到棘手问题时，父亲的正确引导也是孩子强有力坚强的后盾。但这不是说父爱一定是严肃的，父亲还可以是孩子成长过程中重要的游戏伙伴，像维克多的父亲那样与孩子有说有笑能打闹的，又何尝不是一位可爱的父亲呢？

为人父，止于慈。父爱常被赞为大山、灯塔，既给孩子生活依靠，又给孩子心灵安慰，指明前进方向，在孩子成长的过程中，各位父亲应与母亲"结成同盟"，形成统一战线，共同陪伴孩子成长。

好的生活习惯，让孩子受益终身

经常听到身边的宝妈们抱怨孩子在家里做事尤其是做功课时拖沓、磨蹭，效率不高，家长和孩子都因此苦不堪言。我也看到很多文章在给这种情况开药方，其实这件事应该具体问题具体分析，不同的个体表象趋同，但是背后的原因可能千差万别。就像同样是发热，但是病因不同，治疗方式也就不相同。所以首先需要弄清楚自家的娃究竟是哪种原因造成的这种低效，或者是重复频率极高的消极怠工。

如果孩子不是学习兴趣问题，或者出现一般性心理压力，那么这种状况需要从长计议——生活习惯与学习习惯有着直接的逻辑联系，想要改变学习习惯，首先需要良好的生活习惯奠基。良好的生活习惯会让孩子受益终身，孩子会把生活中获得的能力和意识迁移到学习和未来的工作中，希望今天付老师讲的故事能对你有所启发。

有身份的人

我在江苏工作的时候，那时候学校食堂无论是花色品种还是就餐环境都很糟糕，每天中午就餐是我和维克多面临的一次考验：面对着随时可能在餐桌上、头顶上飞翔的苍蝇，维克多拒绝吃东西。没办法我只能带他在学校周围的快餐店选择。那些店其实只是比几百人一起就餐的食堂看起来略好一点。我记得有一个中午，我们俩走了几家快餐店，维克多都摇头，不肯进去，我有点急了，其实绝对带点恼羞成怒的感觉，内心很复杂，既有没办法满足孩子基本要求的愧疚，还有希望孩子能学会随遇而安的奢望。但是面对妈妈有点不耐烦的质问：为什么别的孩子都可以在这样的环境中吃这种食物，你不可以？而且我还很无耻地指着蹲在路边捧着快餐盒吃饭的孩子们教育儿子，你看人家多容易满足，尽管我自己无论如何都不会选择那样的吃饭方式，但是那时候我希望儿子能接受这个环境。

这也许就是很多家长教育孩子时自己内心的戏码吧？再回到那个尴尬的现场，八岁的维克多眼神坚定地看着我但是很温和地说："我是有身份的人，我不会这样吃东西，也不吃这样的东西，我要在干净的地方，很正式地吃饭。"我当时真的被震撼到了，因为从来没想到过他会这样思考问题：他是有身份的人。一个从小认定自己是有身份的人，那么就会对自己有比较高的要求，不会随波逐流，不会放弃自我管理和自我规划。这件事给我留下深刻印象，在开始写这篇文章时，我仔细回忆关于维克多"有身份的人"这个概念形成的过程。

小习惯，大力量

两岁半之前的维克多白天被我送到保姆家照顾，下班再接回家。那是一对为人很温和的退休老夫妻，当年还是福利分房时期，他家比我家宽敞，而且是二楼，方便他们带孩子下楼活动。有一次我去接孩子的时候，他正满头大汗地排餐厅的方凳：刚刚保姆家的儿子带朋友回来，走的时候客人们都没有把凳子放回原处，维克多说这些叔叔给保姆奶奶添麻烦了，所以他说他要帮奶奶恢复成原来的样子。

幼儿园中班的维克多不喜欢睡午觉，因此也有点不喜欢去幼儿园。后来我了解到原因：当年幼儿园还需要家长自己给孩子带床上用品，但是负责安排午睡的保育员没办法分清每个孩子的被子，基本就是随机发放，维克多拒绝用别人的被子，会偷偷掉眼泪，会不断想办法把自己的被子换回来然后才踏实。读初中以后的维克多每次乘车的时候基本不会坐下来，会找一个角落看书或者看报纸，他说绅士应该把位子让给需要的人坐。

亲爱的读者啊，我说的几件小事，实在是生活中平常不过的事情，但是对生活细节有自己主张的人，其实会很在意属于自己的舒适的内心感受，那么就不会让自己的生活毫无章法，会努力地在可能的范围内让自己生活的得体。得体，就意味着从容，意味着品质，意味着有序。一旦这种有序的习惯形成，就轻易不会主动去破坏它——这就是好习惯的力量。

好习惯的培养需要父母花点心思去做，也值得花心思做好。我经常在乘飞机的时候观察周围旅客吃好飞行餐整理餐盒的状态，每每看到乱七八糟一团递给空姐的餐盒我就会在心里叹息：生活习惯其实是一个人文明程度的重要标志，成年之后他会带着这些习惯印记继续生活，最可怕的是生活品质接近的人容易成为朋友，其实就是说几乎不会有人再提醒你做出改良了。所以这些生活小事，可能对孩子未来生活品质和阶层有很大的影响，没有培养良好的生活习惯显然不仅仅是学习效率低下那么简单。

如何培养孩子良好的生活习惯？

首先要从父母做起。反思一下自己生活中有没有让自己特别不满意但是一直都没有很好纠正的问题呢？面对父母的不良生活习惯，孩子会呈现出不同的反应：一种是潜移默化的习得，慢慢地从孩子身上就能清晰地看到父母的影子；第二种是厌恶，进而会对父母所说的话产生逆反，甚至是父母所说的正确的话也很难接受，孩子内心的独白是：先管好你自己再来说我；第三种反应是抗拒，年龄越大的孩子抗拒的方式越不同。

前几年有一名学生，每天来学校的时候都显得无精打采，上课也经常睡觉，但是如果你仔细观察这个孩子，其阅读量非常大，知识积累在同龄人中属于比较好的。而且不是厌学，只是精神状态经常很低迷。我多个角度观察过，最后决定去家访。还选择了父母都不在家的时候，我想让孩子回到自己熟悉的生活环境中他会比较自如，那里是他的主场，而且父母都不在家，孩子会选择跟我说心里话——前提是师生间建立了充分的信任。

他的妈妈之前跟我反映的就是孩子生活习惯不好，比如，每天洗澡要在浴室待上一个多小时。我观察了他家的布局和环境，那么狭小的浴室，要是待上一个小时，一定需要特别的理由。后来发现理由很简单：餐桌就安放在孩子的房间，通往父母的房间也必须从孩子房间走过。如果父母坐下吃饭，就跟孩子的书桌靠在一起。孩子说爸妈每天晚上都回来得很晚，然后就坐在他房间里吃饭，他们知道不该打扰孩子读书，所以尽量不说话，但是有一个很不好的习惯让孩子难以接受：吃饭吧嗒嘴，而且声音很响。孩子以前跟父母说过这件事，但是父母不以为然，后来孩子越大越觉得这件事很难开口，那么就选择父母回来吃饭的时候他去浴室洗澡，一直等父母都安顿好了他才出来，避开那个让他不能接受的尴尬。

反省自己之后，是对孩子的逐步培养，从生活小事入手，需要水到渠成的养成过程，而不是简单的命令方式。

从小让孩子自己整理玩具，父母可以最初做示范，然后慢慢孩子会知道，不同的玩具应该放在哪里，怎么整理；再大一点整理衣物，不同的储物空间摆放不同的衣物，自己再去拿东西的时候会更方便；小学高年级开始可以做简单的家务，这件事的好处其实大家都懂，我们的老祖宗就曾有训诫：一屋不扫，何以扫天下？在培养好的生活习惯的过程中，同时提高的还有孩子的责任感、自我负责意识和统筹规划能力，这些东西远比一张试卷的分数对孩子未来发展的影响更深远。

可惜的是，现实中我们听家长说得最多一句话就是：你只要好好读书就好，这些生活小事爸妈替你完成，给你节省时间。其实太勤劳的父母剥夺了孩子主动成长的机会，也会留下很多遗留问题，这些问题在孩子长大的过程中，都要再一次面对，不仅照单付款，还要还本付息。有时候就是这样，欲速则不达，家长们太过关心学习成绩、学习效率，但是不找到问题症结和根源，所采取的措施还是停留在治标阶段，很难有实质性的突破和改善。

还有很重要的一点就是在培养孩子习惯的过程中，父母要做到不急躁，同时遵守跟孩子约定的契约。比如，你做好了什么事情我们就可以一起玩一会儿；或者只要你按时上床，妈妈会过来陪你，给你讲故事，等你入睡我再去做自己的事情。但是一旦做出承诺，就必须执行，不要跟孩子传递一个信号：大人有特权可以耍赖，可以反悔，因为我是家长。这样会慢慢削弱家长的威信，孩子也觉得不遵守这些规则也不是一件很严重的事情。

生活习惯决定学习习惯

其实，家庭教育培养的最核心的东西就是生活习惯，在好的生活习惯的基础上，好的学习习惯养成会容易很多。父母的言传身教和基本的指导都是必不可少的，我们经常说父母是孩子的第一任老师，很重要的一个表达就是你在为他的生活习惯、价值观奠基。

维克多的女友是在美国读的高中，那是美国著名的老牌女校，学费也非常昂贵。每个姑娘都有属于自己的单独衣帽间，会有教师定期来查看你整理和搭配的情况，跟你聊有关服饰的问题，顺便检验一下你待客的礼数和基本规范。而且学校会安排学生们去为一些重要的、较高规格的晚会担任志愿者服务，其实就是给姑娘们通过给来宾提供简单的服务进行观察学习的机会，很多东西潜移默化就形成了骨子里的东西。

家庭教育，其实是为了孩子一生的幸福奠基。不能急功近利，需要遵循孩子成长规律，达到润物细无声的效果。所以从生活习惯的培养做起，慢慢地，孩子会对自己有更多的要求，学会规划和安排，这些东西其实才是父母留给孩子最珍贵的财富。

小哈有感

苏联教育家马卡连柯说："不要以为你们同孩子谈话，命令他的时候才进行教育。你们在生活的每时每刻，包括你们怎样议论别人，怎样对待朋友，怎样看书读报，这一切对孩子都有重要意义。"

正如付老师所说，培养孩子的生活习惯，首先要从父母做起。孩子们的健康成长，需要教育引导，动辄一顿痛打或痛骂是解决不了问题的。尤其当你的孩子在学习上不够努力或效果不佳时，更需要家长抓住时机进行诱导，因为几乎所有其他方面的不良习惯都源于生活习惯。

生活习惯是在不断重复中逐渐养成的一种比较稳定的行为倾向。古希腊著名思想家亚里士多德曾说过："我们日复一日做的事情，决定了我们是怎样的人。因此所谓卓越，并非指行为，而是习惯。"各位父母要明白，培养孩子良好习惯是一件持之以恒的大事。

维克多正是在如此润物细无声之下成长的，他是可爱的，也是幸运的。他可能自己都不记得是从何时起意识到自己是"有身份"的，但是一旦当他意识到了，便是永恒的，这也是付老师家庭教育的成功之处，希望能够为各位家长对于帮助孩子养成良好生活习惯有所启发！

守护成长，守护孩子心中的秘密花园

经常有家长跟我抱怨，随着孩子越来越大，亲子沟通也越来越艰难了。不知道孩子究竟在想什么，家长说的话很难被孩子真正接受。看着家长焦虑的眼神我很理解，但是问题真的不一定都出在孩子身上，希望今天的故事能对你有所启发。

早恋了，怎么办?

几年前参加一个活动，结识了一名外校女生，当时觉得她挺独立，也很乐观。后来回到她自己的学校后，遇到一些问题很愿意跟我交流，慢慢地就把我当成信赖的朋友了。有一天突然发信息给我：付老师，您今天下班后有时间跟我见面吗？我遇到了麻烦，可是没地方倾诉，我觉得自己撑不住了。尽管那天温度非常低，我也非常累，但是字里行间我能感受到小姑娘的沮丧和无助，我答应了。她来的时候，脸色惨白，浑身发抖，我开了空调，给她一个热水袋，她还是在瑟瑟发抖，我看得出她随时都能倒下去。我只能抱着她，用我的手帮她暖手。过了好一会儿终于不抖了，能开口说话了，她说的事情其实很平常，按照老师和家长通常的说法就是这个姑娘早恋了。从最初的甜蜜到后来的分歧越来越严重，到今天两个人几乎是动手状态，姑娘都是一个人面对的，家长和老师都没有发现，但是今天她决定分手，两个人特意选择了放学后五楼平时没什么人经过的地方，男孩子在暴怒之下推搡她，她旁边就是大开的窗子，几次都贴近了窗边。在挣扎中她的手划破了，来的时候还有血迹，我帮她进行了简单的消毒处理。我一直都在倾听，她刚开始的时候哭得很厉害，到后来终于能比较平静地跟我讲过程了。后面她在跟我咨询怎么彻底了断，怎么把男孩子之前送的小礼物归还等细节处理的时候，她妈妈的电话打过来了，孩子说我跟付老师在一起，然后让我听电话，她妈妈在电话里很热情地感谢我帮她女儿义务解答学科问题，然后就让我把电话给她女儿，叮嘱女儿几句回来打车注意安全就挂断了电话。

　　说实话，我当时很震惊，这个妈妈粗心到如此地步，而且想当然认为女儿来找我就是问学科学习上的问题。之前女儿在家里的各种迹象、各种情绪问题妈妈都视而不见，简单地归结为青春期逆反。仔细想想也能想通，因为妈妈的关注点都在学业成绩上，只要女儿能拿出还不错的成绩单，其他的都是小事。

　　真的除了成绩单，其他的都是小事吗？其实当天目送小姑娘上出租车的时候，我觉得真正的难题刚开始，她平静下来之后会不断自我修复，但是修复过程会很艰难：她会有挫败感，会有感伤，会恐惧今天男孩子的粗暴举动，会担心自己的安全。最麻烦的是她不敢跟妈妈倾诉，没办法获得家长的帮助，因为那样的话就会被打上"早恋、自食其果"的标签和诘难：谁让你不听老师和妈妈的叮嘱的，不是说高中时期不能谈恋爱吗？如果你好好读书哪会有这样的麻烦？家长平时的这些预防针式的说教对预防"早恋"基本没有功效，唯一的作用就是当孩子真的面对难题时，帮孩子切断了最后的退路。

　　果然，当天晚上10点多，姑娘突然又发了一条信息给我：付老师，我好害怕，我突然意识到我今天差点从五楼摔下来，尽管他不是故意想要害死我，但是真的很危险。越想越恐惧，没办法入睡。我回复说：付老师手机整晚都开着，你实在害怕就发信息给我，我只要醒着就会回复你。

"无师自通"的恋爱

　　估计很多家长看完这个故事都会更加紧张，觉得以后更要把女儿盯紧点。或者有的家长会说"还好，我家宝宝还小，过几年才能遇到这样的情感问题。"现在孩子们成熟得早，小学阶段的老师都要关注这个话题了。其实真正的情感教育应该从更小的时候就开始关注。

　　幼儿园时期爸爸妈妈拿女儿当男孩子一样养育的行为，会给孩子一个有点混乱的性别概念，这为我们后续的青春期教育增加了很多难度；小学或者初中低年级一些男生故意欺负女生的行为，或者在学校故意跟老师拧巴、有点离经叛道的做法，除了考虑逆反心理，其实还可以考虑朦朦胧胧的性意识的初醒，渴望得到女孩子的关注；家里父母感情严重不和，会影响孩子对婚姻爱情的判断，实践中我看到两个极端：要么是寻找温暖，对情感有很强的期待，遇到一个送温暖的就会饥不择食；要么是痛恨婚姻，甚至考虑好以后自己不会接受感情。

没有一门功课教会家长怎么当家长，其实同样道理，小学、初中、高中也没有一门功课教孩子怎么面对情感问题，青春期教育主要看班主任的个人价值判断和功底。家长和老师遇到情窦初开通常的做法就是棒打鸳鸯，大家都有一个法宝，就是跟孩子反复地谈话，核心思想就是：把心思放在学习上，你考上大学就可以谈恋爱了。至于怎么才能放下这种情感，怎么才能把心思放在学习上，很少能给出有价值的建议和措施。这就是说教的尴尬，是因为说教的时候忘了你自己曾经的感受。

如果听了说教就能让孩子放下那么美好的心动的感受，哪还会有人间那么多悲欢离合啊？孩子不是天使，不是机器，不会都按照你的理想设计去面对未来，那么就需要跟孩子一起面对成长中必经的路，有些体验或早或晚都会发生，家长能做的就是陪伴孩子一起面对可能出现的各种问题，提供必要的倾诉空间，潜移默化地进行必要的指导。

我曾经问过一个男孩子，最初意识到自己开始喜欢一个人是什么感受，男孩子这样描述给我：她不漂亮，在别人眼中很平常，但是无论跟她在一起有多少人，那些人自动成为她的背景墙，她就那么鲜明地出现在我眼前，无处不在，无处可躲。这就是孩子情窦初开最真实的感受，岂是简单的几次谈话就能让他放下的？

面对"成长中"的孩子，家长究竟该怎么做呢？

一、跟孩子建立信任

让孩子知道，我爱你不需要任何附加条件，只因为你是我的孩子，无论你发生了任何事情，多难堪，父母身边都有一个温暖的港湾。就是全世界都抛弃了你，我们依然爱你。保护你是父母的天职。这样即使遇到一些难以启齿的问题，孩子也不会感到绝望，因为他身后还有退路。最怕的就是孩子遭遇问题时首先担心父母的责罚而选择自己面对。有太多的案例都是这里出了问题才产生了严重后果。很多家长想当然地认为，孩子一定是懂父母是爱自己的，其实不然。比如，我们都会看到这样的现象：孩子在公共场合调皮的时候，家长觉得脸上无光，会口不择言地说："你再这样我就不要你了，就把你丢在这里不管了。"长大之后如果因为学习成绩沟通不畅，有的父母也会不计后果的表达："你爱怎么样就怎么样吧，我就当没生过你。"这样的话传递给孩子的直接的感受就是父母爱的是乖孩子，学习成绩好的孩子，如果我出了问题，做了让父母生气的事情、丢脸的事情，那么他们肯定不会接纳我了。

二、从生活小事入手，细心观察

及时察觉孩子的变化，并且不要贴标签，不要简单说教，不要马上从自己成年人已有经验的角度给出自己认为适合的解决办法，而是运用同理心，倾听孩子真实的想法，这个过程也是帮孩子寻找恶劣情绪出口的过程，也是减压的过程。你无论如何都没办法代替孩子的成长，有些事情必须他自己经历、感受、体验，然后成长。

三、教会孩子必要的自我保护措施

比如，前面故事中的女孩子，其实选择了一个非常危险的环境跟男孩子提分手：放学后几乎无人经过的顶层楼。这些常识应该通过平时生活中的小事慢慢让孩子了解。有些男孩家长会有一种错误的概念，幸好我家是男孩，一般不会发生这样的危险，即使遭遇情变，男孩不会吃亏。真的如此吗？其实很多样本数据会告诉你，男孩在抗压能力方面，不见得强过女孩子。还有遭遇感情问题，女孩子的恶劣情绪往往是显性的，而男孩会出现几种不同的倾向：一种是破坏性的发泄方式，比如，上文故事中的男孩；一种是选择沉默，慢慢把恶劣情绪压抑到潜意识中，通过其他的不相干的途径表现出来；无论哪种方式，其实都会带来自我伤害。所以学会积极面对情感问题，男孩和女孩同样需要必要的自我保护措施的指导。

四、教会孩子正确面对异性友谊

这个方法很值得尝试，不要给孩子轻易贴上早恋的标签，教会他们正确面对异性友谊。维克多小学四年级身高几乎是班级最高的，品学兼优、性格温和的维克多有很多好朋友，那时候，他开始自己每天乘公交车上学，爸爸不放心，总是悄悄跟着上车，然后看着他到站下车再上班。有一天这种"跟踪式保护"暴露了，就是因为爸爸发现下车之后的维克多觉得时间可能来不及，就叫了一辆黄包车，但是从公交车上一起下来的有三个孩子，他只叫了另外一名男同学跟他一起乘车，没有叫女同学。回家后维克多解释说："黄包车只能坐两个人，如果叫女孩子乘车，同学们会说闲话的。"当时我们教他，这样小姑娘会非常尴尬，以后遇到这种情况，就跟同学们一起跑，或者再帮女同学叫一辆车，帮助同学是好事，大家不会说闲话。五年级时候当地下大雪，南方的孩子很少有机会看到地面积雪，老师把孩子们带到附近的小公园，允许他们堆雪人、打雪仗，贪玩的维克多都忘了戴手套就冲出去了，一个女孩子把自己的手套借给他，回来后另外一个男孩子有点酸酸地跟维克多说："那个女同学喜欢你，不然为什么我们男生都没戴手套，她只借给了你。"维克多浑然不觉，但是听了这句话还是有点生气。回家的路上跟我说了这件事，我说那个女孩子很细心，很会照顾人，像一个小姐姐一样是吧？同学互相关心多开心啊，以后你在班级里也可以多为同学做点事，维克多点点头，他说班级里每天饮水机上的水桶都是他跟另外一个男孩子搬回来的，因为他们最高，力气最大。

后来这件事我一直放在心上，因为初中的时候，他和那个女孩子还是分在同一个班级。我还记得有一天我同事站在窗口喊我："付老师快点过来看，多养眼啊。"楼下，高大的维克多穿着米色长裤白毛衣、白色运动鞋抱着一叠作业本大步流星地去办公室给英语老师送作业，那个女孩子一路小跑跟在旁边，维克多发现女孩子跟不上自己的速度，特意放慢脚步，跟她一起去办公室。说实话，第一感觉我有点紧张，那时候我已经能明显感觉到那个女孩子对维克多的好感了，在路上见到我问好的时候，带着羞涩，不是问"付老师好"，而是说"阿姨好"。

维克多生日的时候，我跟他说："平时同学们相处都很好，十四岁生日是很重要的日子，你可以邀请同学一起过生日。"那天是周六，他们上午还在学校参加活动，下午可以回家了。中午我提前帮孩子们预定了一个双层蛋糕，又给维克多一笔钱，让他买其他吃的东西，带到附近的小公园，跟同学们一起吃生日午餐。之前我跟他说，男生女生都可以请来一起玩，大家在一起玩会很开心。其实这种做法就是尽量通过有意义的集体活动，逐步消除这个敏感年龄对异性的神秘感。

初二结束，维克多转学来了上海，跟原来的老师同学依依惜别；高中毕业去美国留学后，还加入了当年初中班级的群，跟大家保持着联系。现在大家都长大了，都有属于自己不同的发展方向，但是那些青春年少的日子，还是孩子们很珍惜的东西。

家庭教育，其实是为孩子一生的幸福奠基，用心陪伴，倾听花开，是一件很值得的事情，关注孩子内心世界，不强行用自己的价值标准要求孩子，而是在孩子需要的时候告诉他：别怕，我们一直都在。

小哈有感

"早恋"是极富中国特色的一个名词，至于多早算"早"并没有明确界定。国外常用puppy love或者teenager love，意指青春期短期恋爱。在百度搜索"早恋"，结果大多是"如何处理孩子早恋"或者"如何预防早恋"，却从没有"我如何教我的孩子恋爱"。

郭沫若在翻译的《少年维特之烦恼》中这样写：青年男子谁个不善钟情？妙龄女人谁个不善怀春？这是我们人性中的至洁至纯。

对于家长来说，最大的顾虑其实并非"早恋"本身，而是担心影响学习和成绩，更担心由此可能酿成的"一失足而成千古恨"，于是就严禁早恋，一旦发现就"斩立决"，这种做法着实缺少人情味。在情窦初开的青春岁月，孩子被强制要求无欲无求、自我压抑，不能正确面对自己的真实情感，长大后很可能会不懂得如何与异性交往，更不懂得如何去爱一个人。这个时候家长需要做的，更应该是帮助孩子正视自己的感情变化，多与孩子沟通，守护孩子心中单纯的"小美好"，同时也让孩子明白什么事情是可以做的，什么事情是不能做的，做好自我保护。

其实，孩子正在经历的这些或许是成年的我们曾经有过却已有些淡忘了的过往。如果您的孩子正在或者有可能"早恋"，何不一试付老师教会维克多正确看待异性友谊的方法？

我们为什么生二宝

 ——胎政策落地之后，一个新的家庭教育问题呈现出来：很多准备生二
 ——宝的家庭，在积极备孕的同时，需要跟大宝沟通，得到允许后才能
生二宝；还有的大宝很抗拒"入侵者"二宝，会出现各种让父母哭笑不得甚至
是担心的做法。其实大家都懂大宝的感受，担心父母的爱被分掉了，也有人很
疑惑：我们小时候不是都有兄弟姐妹吗？为什么那时候的孩子不会排斥新生命
的到来？大家不是都一样接纳了新出生的孩子吗？其实，如果仔细回忆自己的
童年往事，会发现任何孩子接纳一个新生命的到来都需要过程，只不过那个物
质匮乏的时代，大多数父母面临的压力是生存问题，根本不会从孩子的心理角
度去思考。所以，面对二宝出生之后的各种家庭教育问题，我觉得是社会进步
的表现，爱孩子不再停留在物质层面，更多的上升到精神和心理层面。

但是具体到生活细节，还是需要家长动脑筋想办法的，希望付老师今天的
故事能对你有启发和帮助。

有了二宝，地位不保

前几年毕业生中有一个姑娘很聪明，老师们也都很喜欢她，高一的时候
成绩很不错，后来成绩开始下滑，而且出现了严重的叛逆。最严重的一次是上
午11点，我在外面开会，他爸爸电话打过来很着急地问我，是否能帮他去教室
看看他女儿有没有来上学？我了解一下情况后有点哭笑不得，这是有多粗心的
老爸？快中午了才发现女儿整晚没回家，而且竟然不知道女儿班主任的联系方
式。我跟姑娘的班主任沟通，才发现孩子安然无恙地坐在教室里上课，昨晚的

确没有回家，住在学校附近的宾馆，而且这几天都不打算回家，作为对父母的惩罚。

第二天放学的时候在公交车站我遇见了姑娘，我只问了一句："是不是觉得父母偏心弟弟啊？"平时看起来大大咧咧的姑娘眼泪唰的就掉下来了，开始跟我哭诉，那天我们在寒风中站了很久，一直等姑娘的情绪有所平复，我答应她跟她爸爸沟通，然后她答应我当天回家，我才乘车离开。其实孩子说的事情很平常：春节回老家的时候，爸爸当着所有亲戚的面夸弟弟长得好看还懂事；回来后姑娘发现爸爸的微信头像是弟弟一个人的照片，所以那几天就一直找各种生活细节的借口跟父母闹别扭，最后爆发那天是姐弟俩在家里开玩笑互相推搡，妈妈说你是姐姐，就不能让着点你弟弟啊？姑娘所有的委屈都涌出来了，跟妈妈吵架之后离开了家，还好还懂得住宾馆，而且离开家的时候还带了书包和换洗衣服。当时她哭着跟我说："他要是当着那么多人的面也夸我一句我得多开心啊？我弟弟才十岁，这个岁数的男孩子根本就不在乎别人夸他好看，可是我是女孩子，我在乎啊；还有，微信头像为什么不放我跟弟弟的合影呢？你们本来就有两个孩子，为什么要厚此薄彼？我妈妈更严重，她随时随地都认为我在欺负弟弟，其实我很喜欢我弟弟，但是妈妈越是这么说，我就越想欺负他。小时候爸爸最喜欢我，走到哪里都带着我，有了弟弟之后他就变了，借口生意上有应酬，天天不回家，凭什么大人就可以整天不回家？小孩为什么就不能这样？所以我就跟他们反着来，你们怎么不高兴我就怎么做。"

亲爱的读者，听懂孩子内心的声音了吗？第一个她是通过生活细节在观察爸爸妈妈对待孩子的不同做法来判断你们是否在乎我，爸爸新的微信头像，回老家当众只夸弟弟一个人，这些都刺激了孩子敏感的神经；第二个潜台词就是既然生了二胎让你那么有压力，你们为什么还要生？生了弟弟之后爸爸越来越忙了，即使父母不偏心，但是弟弟的到来就已经打乱家里原来的生活节奏了，我为什么不可以不高兴，还要整天面对你们的说教，说我不懂事，那么我就真的不懂事给你们看，反正你们也不在乎我。

但是此时女孩父母的关注点都在成绩上，他们会觉得这么大的孩子了还吃弟弟的醋很荒唐，家长内心的想法是：我们爱你就是对你有更高的期望，想让未来的你更好。因此家长观察孩子的时候，只看到了成绩下滑，感受到了女儿的叛逆，至于这些表象背后的原因是什么却没有去探究，就没办法了解孩子内心的想法与压力，那么所有的教育措施都是扬汤止沸，根本不会有效果。

也许看到这里家长们会感慨：孩子为什么就不能理解父母的苦心？会的，长大之后孩子们会了解父母的爱有很多种：不打不骂是爱，打骂也是一种爱；励夸奖是爱；恨铁不成钢是更深刻的爱。但是到那时候应该会有很多无法重来的遗憾吧。

大宝、二宝，都需要爱

我出生在内蒙古赤峰，我出生之前哥哥已经被送回东北老家由爷爷奶奶照看，几年之后等我们回到老家的时候，我体会过二宝的心情：跟哥哥"抢"家人的关注，所以我会表现得很乖，凡是父母批评哥哥的地方都是我努力做好的地方，所以提醒宝妈宝爸，二宝出生后，如果孩子表现得太乖，也可能是心里有压力的表现。我奶奶重男轻女，她总觉得妈妈对我太好，对哥哥太严厉。（其实长大之后了解，父母对哥哥的期望值一直就比对我高，那种严格要求是爱的另外一种表现。）我还记得自己跟奶奶据理力争的种种画面，但是面对妈妈的时候，会难过地说："要是你把我生成男孩就好了，奶奶就不会说丫头没有用了。"感谢我的父母，他们当年是这样回答我的："女孩一样有用，你看妈妈不是跟爸爸一样大学毕业，一样工作吗？而且女孩子懂事爸妈更心疼。"这句话让我这辈子无论面对什么样恶劣的环境都不会放弃我自己，从外表到内心都不允许自己懈怠。我曾经跟很多年轻教师开玩笑，我说哪怕我整晚失眠，但是大清早我也会定神坐在梳妆台前一刻钟，一定会让自己打扮齐整，山清水秀地出门，这就是得到父母肯定之后孩子养成终身自律的一个表现吧！妹妹出生后我又体会过大宝的心情，家人的关注都在妹妹身上，会要求大孩子无师自通地懂得血浓于水，爱护妹妹，体谅父母。我记得差不多是七八岁大的时候，小孩会有生长痛，如果哪天晚上父母没有怎么注意到我，就会一个人抹眼泪，然后说腿疼。估计的确是腿疼，但是应该不至于哭出来，显然就是通过这样的方式引起父母的关注。

如何创造和谐环境

有二宝的家庭究竟应该怎么做才能创造一个让两个孩子和谐共处、共同成长的环境呢？

让大宝参与到照顾二宝的过程中，然后父母一定要表达幸亏有你帮助我们，不然我们会更辛苦，让大宝感受到父母对自己的信任和期待，这种被需要往往更能激发孩子的自信心和责任意识，同时也会促进两个孩子之间的情感交流。如果在照顾二宝的过程中，大宝无心的过失，千万不要责罚，一定要跟孩子说即使是大人照顾这么小的孩子，也会有失误的时候，以减轻大宝的内疚和压力，大宝才更愿意承担照顾二宝的职责。我记得小时候背着妹妹从床上摔到地面上，但是没舍得撒手，怕妹妹受伤，我自己的膝盖被摔得流血了，一面哭一面还用小手护着妹妹不掉下来。这件事一直被父母拿来跟妹妹从小讲到大，父亲经常叮嘱妹妹长大了一定要对姐姐好，因为从小都是姐姐照顾你的。所以现在即使这么大年纪了，妹妹只要看到好东西，第一反应还是赶紧买给姐姐。

家长一定要看到每个孩子都有属于自己的优点，千万不能只夸奖那个大家眼里比较出色的孩子而忽视另一个孩子的优点，因为那个孩子的压力是别人无法体会的。我妹妹尽管小时候得到父母的很多宠爱，但是她一直都有点自卑，这是长大之后我才意识到的，是因为她一直生活在姐姐的光环之下，甚至读高中的时候，老师们都会错把她喊成我的名字。妹妹说小时候既有对姐姐的盲目崇拜，也有家人、师长们都夸姐姐带来的压力，一直觉得自己不如姐姐，长大之后跟同学们接触，才意识到自己也很优秀，才慢慢找回自信。

就像《一帘幽梦》所描述的姐妹俩从小的境遇，其实对两个孩子的成长都会有影响。让孩子知道，每个人都是独一无二的，都有属于自己的优点，都值得被尊重、被爱，不要拿两个孩子的优缺点进行比较，比如，父母有时候善意地开玩笑会拿两个孩子的习惯、喜好甚至容貌进行比较，在大人眼中就是觉得好玩，但是可能会给孩子带来压力。这是非常糟糕的教育方式，会衍生很多新的家庭教育问题。

孩子们遇到一些问题的时候，让他们自己去磨合、处理，不要轻易给出家长的结论，其实这个过程比结果更重要，面对问题和解决问题的过程就是孩子们的成长过程。妹妹小时候是我的"跟屁虫"，我大学假期出去跟同学玩，她也一定要跟着，我们聊的东西对她来说太无聊，所以她又会不耐烦大姐姐们怎么有那么多奇怪的话要说，会催着我带她回家。每次我准备出门的时候，她都迅速地穿好鞋子，站在门口等着跟我走，一般在回程的路上就开始耍赖，不肯自己走，一定要姐姐背着。我当时很奇怪爸妈怎么不干涉这件事呢，一直到她自己都上高中了，去找同学玩，同学的妹妹也如此这般缠人，她有了深刻体会之后回家跟妈妈说："我以前是有多烦人啊，以后姐姐出去玩我再也不跟着了。"这个过程考验的是姐姐的耐心和担当，对妹妹来说跟我在一起，她接触的都是比她大很多的孩子，成长速度会高于同龄人，包括她对文学作品的喜好，也深受我的影响。

是命运，也是缘分

我一直觉得血缘关系是一种恩惠，一种宿命的缘分，无论是父母子女一场，还是兄弟姐妹，这背后的因缘让我敬畏。写到这里我想跟大家说为什么会用一个问句当标题，其实当二宝家庭遇到一些问题的时候，只要问自己，我为什么生二宝，能够回答清楚这个问题就能找到解决问题的办法。比如，很多父母会跟我有共同的想法，我一直觉得有一天我们这代人老了，把一个没有兄弟姐妹的孩子孤单单留在世界上，面对很多压力和难题是很可怜的，所以在可能的情况下二宝的到来其实本身就是父母对大宝的一份发自内心深处的爱护，想清楚这个问题，就会更有理智面对孩子成长带来的烦恼。

再比如，前面故事里的父母，如果让他们回答这个问题，潜意识中就有第一个孩子是女儿，那么再生一个儿子人生就圆满了这样的小心思，可是这份小心思如果把握不好，就会让孩子产生父母有点重男轻女的想法。所以一旦出现问题，至少需要从这个角度去思考一下背后的原因。还有的父母是觉得自己这辈子有很多遗憾，希望孩子能够帮自己圆梦，会把自己的梦想加到孩子身上，那么面对两个孩子，就会有厚此薄彼的现象出现，会更在意那个学习成绩好、比较乖巧的孩子，这种做法会加剧另外那个孩子的逆反，这种带有明显功利性质的养育，会让孩子模糊甚至怀疑父母之爱，这样带来的问题会更难解决。

尊重、爱护每一个独立的个体

孩子从来不是父母的私有财产，不是父母用来炫耀或者彼此攀比的资本，他们是独立的、有思想的生命体，用心对待每个孩子，帮助他们成为最好的自己，是父母的天职。

我在写这本书的时候，特意跟编辑们沟通，之所以选择用孩子的英文名字，不是崇洋媚外，只是我不想出现有关孩子的任何个人信息，我其实看到有热心的网友在网络上搜我儿子、我先生的信息，但是我把他们所有的个人信息都隐藏起来了，就是不想因为我的工作原因干扰到他们正常的生活，包括我写的一些案例，我已经对案例发生的时间、地点进行了技术处理，就是最大限度地保护案例当事人的隐私，这也是体现对每个个体生命的尊重。写这本书的初衷就是分享家庭教育的经验和教训，希望能够帮助更多的人，不是在晒娃。无论维克多天资出众还是资质平平，他都是这个世界上我无条件爱的那个人，之所以能这么清晰记得他小时候所有的事情，是因为有了他，我觉得自己的生命变得丰厚而神奇，陪伴他成长的每一天都值得我好好珍惜。

其实还可以问另外一个问题，我们为什么要生宝宝？回答清楚这个问题，家庭教育的方法就会有所不同。

小哈有感

二胎政策开放以来，生不生？怎么养？成为社会各界关注热议的话题。其实，在计划生育政策实行以前，中国家家户户几乎都是"多宝"，但是在历经了三十多年"唯我独尊"的家庭模式后，二胎的到来却给很多家庭带了困扰——大宝会有被掠夺感吗？二宝会沉迷于争宠吗？父母们总担心两个孩子会打闹、会不睦……这就与父母本想让两个孩子互相做伴、相互扶持的初衷相违背了。

为什么从前的父母就不会在生二宝前顾虑这么多？为什么从前的兄弟姐妹

就可以彼此谦让、照应？难道是时代在退步？答案恰恰相反。现代父母对孩子心理方面的考虑正说明了时代与人都在发展进步，我们不再只考虑物质，而更注重精神层面的问题。

付老师在本文中提及了一个很重要却未得到足够重视的现象：二宝出生后，如果表现得太乖，也可能是心里有压力的表现。现在父母多把关注点放在如何让大宝接受二宝上，但其实，二宝为了"后来者居上"也在承受着不小的压力，他始终要追赶、甚至是试图超越年龄长于自己、心智成熟度都胜过自己的大宝，这样的压力可想而知。

对于两个孩子，很多父母还会不知道如何合理地分配"爱"，做到绝对的平均分配很难，也没有必要。因为，能够让孩子感到温暖和安全的，是父母所给予的独特的爱。每个孩子都是不一样的，父母要看到他们身上的优点，让孩子明白他们各自是不同的，更不必处处和对方一较高下。

所以，大宝究竟会把二宝视为"入侵者"还是"玩伴儿"，二宝究竟会"不断争宠"还是欣然接受"大宝的优秀"，这都取决于父母是怎么想、怎么做的。

隔代教养，宝爸宝妈说不出的心事

在一场讲座后我曾与听众朋友们讨论过二胎养育的问题，在跟大家的互动中了解了背后还有一个隐忧：尽管都意识到养育二胎其实是对社会、对家庭都有好处，但是大宝成长过程中，面对快节奏、高强度的社会生活，新手宝爸宝妈除了要面对孩子可能出现的各种未知问题，还要面对父母辈参与到教养过程中产生的新问题，两代人不同的育儿理念以及生活方式上的差异，同住一个屋檐下不可避免地会产生各种摩擦，使得原本就手忙脚乱的小夫妻更加无所适从。本文就聚焦于隔代教养，希望对新手爸妈有所启发。

自己的孩子自己带

维克多出生的时候，曾祖父母、祖父母都健在，作为有渊源的大家族，这个长房长孙的到来是一件大事。婴儿时期回到老家的维克多几乎就是集各种宠爱于一身，我还记得几个画面：第一个画面是暑假我带他回老家探亲，一岁的维克多午睡的时候，白发苍苍的曾祖父母两个人会连续几个小时守在婴儿床旁边，笑眯眯地看着他睡觉的模样；第二个画面是两岁的维克多在厨房淘气，把家人存水的水桶当成玩具，弄得到处都是水，但是家人觉得只要孩子没哭，不会受伤，就可以随他去玩，不会阻止；第三个画面是维克多差不多五六岁大了，春节回家的时候，我们的老祖母坐在床上端着水果一口一口地喂他吃，房间里还有他的表妹们跑来跑去，但是老祖母的眼中只有这一个孩子，那种感觉有点像大观园中的老祖宗和宝玉，其他人都是比不上的，只有他才是老人家的心头肉；第四个画面是维克多正在淘气，坐在旁边的爷爷奶奶或者外公外婆会熟视无睹，甚至觉得好玩、可爱，但是他看到我走进屋子，马上停止了破坏活动，然后态度诚恳地说："妈妈我错了，不应该这样，我下次一定会很乖，你就原谅我吧？"

随着维克多的长大我一直很庆幸，从最初就由自己来带孩子，没有把他交给家里的老人们照看，否则很多习惯的养成就不会那么顺理成章。从上面几个画面其实大家都能看出，孩子很容易看穿长辈，然后经过一些基本的试探之后，就会越来越娇纵，面对祖父辈和父母的不同要求标准，他慢慢就学会应对：要么是耍赖，因为背后有帮手，只要他亮出撒手锏哭闹，祖父辈就会给父母施压，然后孩子不合理的目的很快就达成了，以后的教育中他会屡试不爽，所以既有爆发式的问题，还会有很多隐忧；要么就是"看人下菜碟"，比如，上文中维克多看到我之后的认错，其实他只想快点蒙混过关，然后妈妈被糊弄过去之后，反正其他人依然可以宠着他，任他怎么折腾。

所以我一直认为，尽量克服各种困难，由父母自己带孩子是上策，有父母帮忙从眼前看是好事，但是一个比喻是这样：自己带就等于咬牙承担了全部压力，如果有父母帮忙，就意味着分期付款，但是后面的还本付息会压力更大。

带娃也是一种历练

维克多四个月的时候，我结束产假开始上班，当时雇的保姆曾经给我同事带过孩子，但是家务负担比较重，半年之后我就换了另外一个保姆，住在我家附近，还是经过充分了解：人品、身体状况、家庭成员，才敢把孩子放在人家。早晨把孩子送过去；中午我会自己过来带给孩子午餐并喂他吃好，陪他玩一会儿，然后直接去上班；下午下班先去市场买足食材然后接孩子回家。孩子三餐的食物、水果、零食都是我自己准备的，二十多年前市场提供的婴儿辅助食品很少，质量很难让人放心，这些家事对于高中毕业还不会划火柴的我来说，绝对是很神奇的进步。很多婴幼儿养育杂志帮了我的大忙，但是尝试的勇气是小婴儿对母亲的信赖和依恋给我的。

那时候，我还有另外一个困难：先生在外地读书，其实是我一个人带着孩子应对工作和生活的压力。先生收到研究生入学通知书的时候，维克多刚满周岁，那时候他比我纠结，我记得在他准备出发的前两天，我好像第一次看见他掉眼泪，他很认真地跟我说："小旻儿，如果你不愿意我去读书，我就不走了，而且一点不后悔放弃这个机会，你一个人在一个举目无亲的城市带着这么小的孩子，我怎么也不放心，我还是不去了吧，等孩子大点了再说。"还记得我当时一定是表现得很大气豪迈："如果你放弃这个机会，你不后悔，我会后悔的，还是去吧，有困难我自己可以克服，放心吧。"那三年是我这辈子最辛苦的日子，至今回忆其中的酸甜苦辣依然可以被自己感动到流泪——我怎么可以那么坚强？

但是那些日子也是我这辈子的财富，从养尊处优的"大小姐"到功夫了得的"超人妈妈"，这个质变是需要经得起种种历练的。其实，生活就是这样，你流过的每一滴汗水和泪水，都不会是无意义的，在未来的生活中你会慢慢了解它的价值，正是那些曾经看起来不起眼的生活小事中的坚持，形成了现在的你，缺少任何一个环节都不会是现在的你。

其实，我们都懂亲子教养对孩子好习惯的养成，包括以后亲子沟通的好处，并且这个过程是父母和孩子一起成长，会磨合形成比较适合自己的相处方式。但是目前大都市的生活工作节奏，还有育婴师行业缺乏足够的规范，良莠不齐，包括频频曝光的保姆虐待儿童事件，使得大多数家庭在照顾婴幼儿这个问题上还是采取比较保守稳妥的办法，而且我也了解到一些特殊问题，如果没有父母帮忙，宝爸宝妈无论是时间成本还是请育婴师的金钱成本都似乎不堪重负，所以大多数家庭都选择由一方父母或者双方父母轮换来照顾新生儿，这个照顾的周期因人而异，短则三年，长则到孩子上小学。这个阶段恰恰是孩子成长的关键期，在这种中国独有的隔代教养情境下，很多问题不可避免。

一些生活细节的冲突表象背后，是两代人育儿理念、价值观和生活方式的冲突，看起来是生活琐事，其实不可调和，如果找不到恰当的沟通方式，或者说双方缺乏足够的认知和共识，不仅不利于孩子的健康成长，甚至危及父辈跟小夫妻的情感，如果处理不好，甚至会破坏小夫妻的婚姻质量。实践中，我看到很多相关的案例，那种煎熬和情感撕扯，是局外人没办法感同身受的。其实，隔代教养也有很多误区是需要避开的。

隔代教养的误区

　　首先，双方一定要划定边界，宝宝的直接监护人是父母，那么照顾养育孩子的第一责任人应该就是孩子的父母，责任不可推卸。对孩子教养的基本要求和原则，宝爸宝妈即是制订者也是执行者，父辈只是帮忙落实，工作之余的时间应该由小夫妻自己带孩子做家务，这个过程会帮助他们迅速长大，父辈过多的承担责任，其实是剥夺了小夫妻磨合和成长的空间。中国有一句俗语：不当家不知柴米贵，不养儿不知父母恩，就是提醒我们家庭教育的一个终极环节就是让自己的孩子有能力有勇气面对生活全部的责任。

　　有些新晋宝妈认为我是给你们家传宗接代，所以男方父母一定要承担起照顾孩子的职责，这个想法实在是害人害己。还有些宝贝出生的前提是父母催婚、催生的结果，当然也乐得把养育孩子的重任推给父辈承担，因而出现很多"周末父母"，平时孩子都是全托给父辈，只有周末的时候过去跟孩子玩一会儿，顺便蹭点吃的回自己的小家。还有一些即使在同一屋檐下，但是照顾孩子的工作全部由父辈承担。严格意义上这种做法等于宝爸宝妈没有承担责任，父辈其实一方面心疼两代孩子，另一方面其实也会有不堪重负的压力，如果此时因为教养的具体问题发生冲突，就会把之前压抑的一些东西牵扯过来，这种局面有时候是不可控的。一个很有意思的情况是，带孩子的父辈，对自己的孩子会相对宽容，反而会把火气发给小夫妻的另一方，所以这种战火一旦燃起，带来的问题是三维、多向的麻烦。表面看他们对自己的孩子愿意付出、倾情给予，但是这种压力转嫁的方式，其实给自己的孩子造成的困扰会更多。中国式很多家庭问题的矛盾源头就是边界不清晰，父辈在无条件付出的时候，就已经跨界了，那么后续的麻烦根本就是时间问题。我们很难改变父辈的价值观和生活方式，但是至少可以改变自己，自己做好心理准备等待小生命到来的时候，应该跟父母有一个基本的沟通和界定，这样后续的问题会少很多。

　　育儿观念上的差异，其实可以通过"科普"来跨越。比如，父辈带孩子的一个情况就是给孩子穿很多衣服、吃很多食物，唯恐孩子受委屈。其实三分饥寒是孩子小时候所必需的。比如，穿衣服这件事，我们一般会认识到过于保暖会降低孩子的抵抗力，生病概率更高，其实远不止于此。过多的保暖措施，会减少孩子活动的能力，皮肤跟亲人、跟外界接触得越少，感知就会打折扣。在长大过程中，孩子需要花费很大力气逐步克服因此带来的一些问题和困扰，接纳自己、接纳周围的事物，提高运动协调能力。父辈一般是凭借朴素的经验带孩子，小夫妻的优势就是可以接收很多最新的资讯，把这些通过适当的方式潜移默化传递给父母，比发生问题情绪恶劣吵架要好太多。

维克多百天的时候，我公婆从老家过来看孩子，那么小的孩子就能感知到血缘亲情，真的让我们都觉得不可思议。之前维克多几乎没有见过什么生人，如果有朋友过来看小婴儿，他都会表现的不安、哭闹。那天是学期临近结束，我需要到学校办理销假手续，我走了三个小时，他竟然一点都没哭，而且很享受地躺在奶奶怀里。当晚我就用一条毛巾包住孩子的肚子，手臂和腿都露在外面，婆婆几次都提醒我孩子会着凉的，我说："没事，只要肚子不着凉就没关系。"我估计婆婆整晚都没睡好，早晨起来第一件事就是赶忙到婴儿床上抱起孩子，发现小宝宝充满活力，这才放下心来。我跟婆婆解释，我整晚也只是一条小毛巾被，如果冷了会起来观察孩子的情况，不会让孩子受凉。婆婆慢慢懂了我的做法，后来还跟老家亲戚们介绍我的一些育儿常识。让她体验之后才说明这样做的道理，会更有说服力。

新手爸妈一定要对自己和对方父母的付出表达足够的感恩，尤其在有亲戚朋友在场的情况下，更要及时表达父辈的付出对小家庭的帮助非常大，这样一方面会让父母明确自己承担的是"有限责任"，还可以有自己有质量的晚年生活，那么心理上的压力也会减轻很多，生活中小事的摩擦概率就会少很多。最好不要让父母因为帮助小夫妻带孩子而过"分居"的生活，如果实在是没办法，也要尽量创造合适的条件，让父母有相应的时间生活在一起。刚刚退休的年龄是比较特殊的时期，心理、生理上会有一个适应期，会出现生命的低潮，甚至很脆弱，真的平稳进入老年期之后反而会好很多，这个敏感时期其实很需要关注和呵护，也关系到父母辈的生命质量。适当地给父母"放假"，安排他们做一些旅行、探亲访友活动，不要让他们觉得好不容易养大自己的孩子，本来可以安度晚年了，现在又要承担另外的责任，养育孙辈，跟社会生活脱节，看着整天上老年大学、游山玩水的同龄人会有很多羡慕，因而会产生一些怨气。

养育新生命，是一件神奇的事情，也是考验各种耐心、智慧、能力的时期。跟孩子一起长大，其实从胎儿在母亲肚了里就开始了，胎教、早教、生活上的照顾，使得我们终于懂了陪伴一个生命成长的珍贵。珍贵不意味着没有压力，没有痛苦，相反正是因为有那些无处不在的压力和麻烦，才更能感受成长的可贵。没有任何一种幸福是不需要付出就能获得的，为人父母的付出过程，就意味着成长，变得更敬畏生命，更懂得感恩，更珍惜每一份帮助和付出，那么所有的辛苦，都会沉淀成生命最厚重的礼物。而你的努力和主动担当，会把一些美好的感受潜移默化传递给自己的孩子，这就是家庭文化的传承和文化基因的"复制"吧？

小哈有感

"隔代教育"成为一个专有名词还是近年间的事情，作为当今社会越来越普遍的现象，我们要明白，教育孩子的关键其实不在于谁带，而在于教育观念和教育方法。宝宝呱呱坠地，家里添丁进口，是一桩大喜事。祖父母、曾祖父母、父母六人养一个孩子，本不是一件难事，但是往往每一方都可能觉得"按我的方法养才最好"，从而产生分歧。这就需要两代人相互沟通，统一认识，择善施教。

要知道，为人父母，本就有责任抚养教育孩子，即使有老人的帮忙，也要多和孩子交流、沟通。宝宝本质上是一个独立的个体，不依附于任何人。与亲子关系相比，祖辈在孩子的成长过程中终归是一个配角，孩子对父母的依恋是一种原始、自发的情感关系，谁也无法取而代之。所以，祖辈在养育孙辈时，关键是如何擅长用其长而避其短，合理定位，做到不错位、不越位、甘当配角。

家长怎样面对孩子的作业"拖拉症"

大多数有学龄儿童的家长都会有一个烦恼：孩子每天回家写作业拖拖拉拉，迟迟不能进入状态，而且家长催促多了会激起孩子更大的逆反，家庭时不时会弥漫着火药味。

面对孩子的作业"拖拉症"，家长有没有想过背后的原因是什么？正确归因是寻找方法、正确解决问题的第一步。小学阶段作业量正常的情况下，孩子产生作业拖拉可以从这样几个角度考虑问题的症结：学习兴趣、学习习惯、学习能力、内心动力的激发、外部支持系统的完善。

培养学习兴趣

学习兴趣的培养需要家长花点心思，并且因人而异。我六岁的时候进入小学读书，每天回家第一件事就是认真写作业，有几次没带钥匙，就趴在外面的窗台上写字，然后哄妹妹玩。其实那时候我心里有一个隐忧，担心父母让我暂时不去读书在家里带妹妹。那时候妹妹很小，而且坚决不肯去幼儿园，后来她又生了一场非常凶险的大病，打针的时候已经不会哭了，父母实在是没办法，我就成了辍学儿童，结束了一个月的小学生生活，安心在家里带妹妹。我后来是自学并自己找校长通过考试跳级，用四年的时间完成了我的小学教育，我还记得爸妈知道这件事时的惊愕表情。那段在家里带妹妹的时间，恰恰是我学习兴趣培养的关键期。我记得妈妈给我买了塑料的数字玩具，妹妹睡着的时候，我就自己拿着玩，爸妈下班的时候，我会跟他们显摆一下我自己学会的加减法。长大后父母跟我说过，一直觉得对我有愧疚心理，那么小的孩子就必须承担家庭责任，还耽误了正常上学的时间，所以对我一直都是当作大人看待的，会尊重我的想法，哪怕很忙也会耐心解答我所有的问题。慢慢地，数字游戏已经不能满足我的求知欲，我开始在家里寻找一切有字的东西，第一个被我利用的就是哥哥的旧课本。每一个字都有拼音，我会经常拿着那些字去问爸妈，他们基本就是随口告诉我怎么读，我当时觉得文字是一件神奇的事情，充满了渴望和好奇，所以再次上学后简直是如鱼得水，小学三年级的时候，就开始看柳青先生的《创业史》，一本字典，一本本厚厚的小说就被我"啃"完了。

早教？别盲目！

中国有一个成语"欲速则不达"，我的学习兴趣来自延迟满足，没能跟小伙伴们一起上学，看着别人每天背着小书包充满了艳羡，所以一旦得到机会后就非常珍惜，而且之前的铺垫会形成爆发力和跨越的能力。而现在过度的早教让孩子失去了很多童年的乐趣，其实从一开始伤害的就是孩子宝贵的学习兴趣。看到这里家长们可能觉得有无数的委屈：我们也不想这样啊，可是别的孩子都去上早教班了，我们也不能让孩子输在起跑线上啊。我想说的是，孩子的起跑线究竟在哪儿？什么才是真正的早教？早教要完成的任务是什么？如果这些问题没有想清楚，盲目跟风进入一些机构进行那些收费高、名目繁多的所谓早教是可怕的选择，就像是还没懂孩子身体是否缺乏某种微量元素，就胡乱给孩子吃各种补品一样可怕。过度、缺乏针对性和实效性早教的第二个危害就是反复的刺激和重复性训练，不仅孩子的学习效率会大打折扣，而且孩子慢慢就习惯了被灌输，而不是自己主动去获得知识和技能，这也是后来的如果不补课加餐、正常的学校教育没办法学会的重要原因。

兴趣培养的手段很多，埋伏笔、不经意的感受美好而心向神往、持续性关注并学会欣赏、感受其中的不同之处都值得家长尝试。其实这些方法都是让孩子领略知识、技能本身的魅力。奖励手段的选择也很重要，给积分、小红花、买奖品这些外在的刺激会产生短暂的积极效应，但是很难长期维系，所以治本之策还是指导孩子领略所学东西内涵的美。其实这对家长是一个非常高的要求：第一，需要花费精力和时间，在陪伴的过程中完成；第二，需要自己的持续充电。如果家长不爱学习，怎么要求孩子？随着孩子的成长，家庭文化氛围的熏陶非常重要。

培养学习习惯

学习习惯的培养需要从生活习惯的培养入手，这个问题我在之前的文章中有探讨过。但是也需要父母和老师的耐心指导，而且不能操之过急，教育其实就是等待的艺术，这种等待不是无为，而是有所为有所不为。

维克多读小学一年级第一学期的时候，老师当时有一个评语：自理能力差。表现就是书包整理得不整齐，写字速度慢，质量差，鞋带经常系得乱七八糟。看到这个评语的时候，我没有紧张，我有两个依据证明我的孩子并不差。

第一个是理论依据：通常意义上而言，男孩的能力形成要比女孩晚两年左右，包括动手能力，包括肌肉发育，因此男孩写字比较慢，而且从美观的角度跟女孩也有很大差距。所以我们经常看到小学阶段深受老师好评的女孩子居多。如果忽视了这种差异性，用同样的标准要求不同的孩子，其实就会为后来的持续教育埋下隐患。我没有让维克多提早上学，他是满七周岁才去读一年级的，在国外的教育中，让男孩晚一点上学，是母亲送给儿子的一份礼物。心智成熟度略微提高，动手能力稍微增强，就不会因为无法弥补的差异性产生"我就是不如别人，就是比别人差"的自动负性想法。这种自动负性想法一旦形成，孩子就会变得退缩、胆怯和懒散，因为他心中有一个判断：我就是不如别人，那么就是努力也没什么用。男孩的作业拖拉除了学习兴趣之外，很重要的一点就是他要面对的是每天都让他有挫败感的一件事，写得不好看父母要批评，第二天老师还要批评。如果我们换位思考，这样的情境，即使是成年人，也会产生消极倦怠和惰性，那么不愿意进入状态是多么水到渠成的一件事情。

第二个依据是事实依据：从孩子上学我就在观察其他的孩子和家长，维克多是真正的"零基础"进入小学一年级的，别的孩子入学的时候已经可以用汉语拼音写留言条，可是他只是在学前班学习了字母，还没办法把两个字母拼在一起，但是经过短暂的一个月的学习，他已经可以很从容地面对拼音了。还有就是其他家长几乎包办了所有的事情，老师看到的分类整齐的书包，其实很多并不是孩子自己动手的结果。最初的一两个月非常辛苦，除了学习本身的压力，还有就是周围人对我这种教育方式的质疑：为什么不提前教孩了呢？为什么不帮助孩子整理呢？记得我当时跟维克多说："你学会的每一个字，每一件事都是自己努力学会的，这个本身就很棒，所以上课要用心。"其实单纯的鼓励作用不大，必须同时教会孩子方法，这个观点我在之前的文章中已经说过。需要有配套措施跟孩子一起面对困难，而不是单纯地鼓励或者高压。当时我们给他买了一个寓教于乐的工具"咪咪拼音宝"，每天下班回到家里，就跟他一起玩，在游戏中孩子很快熟悉了拼音规则，而且很有成就感，慢慢跨越了障碍，不仅学会了知识，而且还学会了应用。之前还有一个"数学宝"，我们也是跟他一起玩，而且还要有一个需要他指导和帮助的共同学习伙伴来衬托、激励他，爸爸一直很乐于扮演这个角色，小维克多经常痛心疾首地跟我说："爸爸怎么那么不用心，连续几次都错了，都把拼音宝里面的猫咪给气哭了。"我问他："猫咪被爸爸气哭了怎么办呢？"维克多说："要非常认真每一次都拼写对，这样猫咪就开心了，还有我还要教爸爸，让他少错点。"其实我想说的是，孩子作业拖拉的第二个原因就是我们在鼓励、在鞭策，甚至通过吼叫、打骂的高压，但是并没有给相关的辅助手段和外部的心理支持，那么所有的压力还是需要孩子自己去承受，甚至家长还给了新的的压力，那么，孩子产生逃避心理再正常不过了。这也为逐渐长大后的亲子沟通障碍做足了铺垫，孩子其实一直都觉得家长并不理解他，没有给到他需要的支持，家长给的物质上的满足其实不一定都是孩子最需要的。

　　亲爱的读者，如果你之前看过维克多书桌的故事，相信你会理解，培养孩子好的学习习惯其实需要很多策略：家庭的文化氛围和父母的言传身教，包括父母进行家庭教育的方法，这些都属于孩子的外部支持系统。有的朋友可能会质疑，如果真的必须具备这么多因素才能形成好习惯，那么以前的寒门贵子怎么解释呢？就好比我在前面说的"延迟满足"吧，也同样能激发内心的动力，珍惜自己能够学习的机会。

关于学习能力

孩子的学习能力是可以习得的，以后我会有专门的文章来谈学习能力培养的问题，其实在前面的很多文章中也有涉及，需要时间，更需要父母放弃急功近利的教育理念，不拘泥于每次考试的分数，而是真的指导孩子学会学习。

内心动力也很重要

维克多从学前班开始练习毛笔字，最初不舍得买宣纸给他练字，我就找一些写过字的纸张，自己动手在反面帮他画出米字格，让他练习用。经常就是他在那里写字，我在旁边认真地画格子。每周会给他一张宣纸写好了交给老师，我最初以为他只会珍惜那张宣纸，可是后来他的书法老师跟我说，孩子说每一张纸上的格子都是妈妈辛辛苦苦画出来的，所以必须好好写字。

让孩子自我规划

另一个心理因素是家长需要了解的，我们往往要求孩子回到家里第一件事就是去写作业，换位思考一下，如果你刚刚回到家里，你的领导打电话要求你马上加班，不给你喘息的机会，一两次还好，如果每天都是这样，我估计你至少要在心里骂他一百遍了。同样的道理，孩子刚刚放学回家，不仅身体上需要稍微放松，情绪上也需要一个缓冲和调整，这个时间段很敏感，如果沟通重要的问题也需要选择避开。跟孩子做一个契约，他可以休息一下，做点自己喜欢的事情，然后再去写作业，最初家长可以通过观察孩子正常完成作业的时间，给他略微宽松的时间完成，然后安排一些亲子互动的游戏，如果没有及时完成作业，那么后面的亲子互动时间就被压缩了，慢慢调整，孩子会逐步提高效率，也会有一定的自我规划。

所谓规划产生的前提，就是对未来有期待，好多孩子的规划都是父母制订的，都是父母自己的期待，所以执行的时候打折扣，甚至无效就很正常了。一旦学会自我规划，产生的动力会不可估量。我曾经说，在维克多小时候我花费了很多心思，在他进入初二之后，我只负责两件事，就是吃饱和穿暖，好的习惯养成了，不仅能规划好每一天，还能着眼规划自己的未来和自己的人生，那么家长就算解放了。这也需要责任意识的培养，我在下一篇文章中会跟读者聊这个话题。

让孩子拥有最好的家庭教育

"学而优则仕"是千百年来中国的文化传统，今天的中高考制度尽管不完善，但是还是最客观地选拔人才的途径；就业的压力、惨烈的社会竞争，这些东西都沉甸甸地压在每个家长的心头，所以就会紧张、焦虑，然后转嫁压力，希望孩子遥遥领先，希望孩子成绩优秀，有一个好前程。这些想法可以理解，但不是有这个想法就一定能实现。

从多元智能的角度来说，每个孩子都是不同的，都有自己独特的长处和优点，了解孩子的特点，因材施教，也是家庭教育的重点。就比如老师上课，有些孩子属于听觉型的，有的孩子属于视觉型的，还有的孩子属于触觉型的。视觉型的孩子一般最容易得到老师的好感，因为他的目光始终都会跟老师有交流；听觉型的孩子最初会被误认为是开小差，因为他基本不会有眼神跟老师交流；触觉型孩子最委屈，往往会被当作调皮捣蛋受处罚。

教育应该充满人文关怀，应该尊重每个个体生命的差异，很难保证每个孩子都遇到最好的老师，但是如果我们努力，每个孩子至少可以拥有最适合自己的家庭教育和拥有最好的父母。父母通过生活细节和孩子在家里学习细节的观察、记录才能进行正确归因和判断，并找到最适合自己孩子的指导方法，再好的灵丹妙药第一需要对症，第二需要持之以恒。改变孩子的前提是改变自己，这就是跟孩子一起成长。

小哈有感

孩子做作业拖拉是让无数家长头疼的问题，每每发现孩子作业效率低，往往会认为孩子是故意拖延，是因为懒、因为贪玩才耽误了正事，由此心中恼火，认为孩子出了问题。但其实，这样一股脑儿责怪孩子的行为，才是"不自省"的表现。

要知道，拖延行为的本身就是孩子在用行动告诉你：我不乐意做这件事。当孩子产生这样的心理时，催促或是硬逼都只会适得其反。作为父母，更应该去想——孩子为什么不乐意做这件事？回想一下，是不是没有与孩子换位思考过？是不是干涉过多让孩子失去了自我规划？是不是会把自己的焦虑情绪传染给孩子……

如果是，相信付老师本期文章会对你有所启发。

想从根本解决孩子拖沓的问题，还是要了解孩子的想法，这样才能灵活处理由课业引发的一系列问题，而不仅仅是作业。父母都是爱孩子的，但是唯有给予适合孩子的而不是自认为正确的，才能更好地解决成长路上的问题，建立良好的亲子关系！

怎样培养孩子的责任意识

我们经常能看到这样的情形：临近期末考试，老师们提早就开始进行期末复习的提醒和指导了，家长们也都开始督促自己的孩子要好好复习，争取一个好成绩，但是往往事与愿违，很多孩子依然我行我素，出现了"皇帝不急太监急"的局面；我们在进行生涯规划指导的时候，经常有很多学生没想过未来做什么，直言反正家长说了算，我干吗要操心这些事；一些家境不好的孩子也会不顾家里的情况，跟周围的同学攀比吃穿和零花钱，让父母不堪重负……

当家长们感慨今天的孩子不好教育，没有责任心的时候，其实作为教育者很着急，真的是现在的孩子不懂事吗？真的是一代不如一代吗？那么问题究竟出在哪里？该怎么培养孩子的责任意识？希望付老师今天的故事能对你有所启发。

一个现象：重视智育，弱化德育

几年前，我的班级有一名住宿学生，高一入学第一个月，几乎每周回学校都会忘掉一些生活用品，然后父母再送过来，家长只是觉得孩子粗心，倒也不觉得是什么大事；跟他谈未来打算的时候，孩子对自己的未来有大目标的设想，但是怎么实现这样的目标没有具体的规划，总觉得反正未来还很远。这名学生的学习成绩很好，但是明显能感觉到综合能力很弱，这对孩子未来的发展是充满隐忧的。

但是更令人担忧的是，由于成绩很好，家长对孩子其他方面存在的问题视而不见。其实，这不是个案，应该是目前家庭教育中普遍存在的问题：重视智育，弱化德育等其他方面的培养和提高。

如何改善这样的现象？

怎么帮助指导这样的孩子呢？我找到了一个激发孩子责任意识的支撑点：被需要。

首先让他成为学生小导师辅导其他功课有困难的同学，他很耐心，做得也很好，受到了同学们的欢迎；然后让他担任小组长，这份工作被他做得很踏实，接下来让他担任劳动委员，我当时是做好不拿文明班级流动红旗心理准备的，但是他越来越游刃有余，竟然把商业车险的管理制度引进班级值日生工作管理中，不仅保证了班级卫生工作，而且还有一定的奖励和弹性。后来，这个孩子生活中不仅不再丢三落四，而且还会主动照顾别人，把自己的生活安排得非常有条理，还经常跟我谈自己读书的体会，慢慢地，他变得越来越自信，在同学中很有威望，高中毕业考进了沪上名校，并且成为学生干部，发展得很好。

孩子需要"被需要"的感觉

亲爱的读者，你是否懂了付老师说的"被需要"是怎么回事？责任意识一定是产生于关系之中，相比较于"被爱护"，当孩子被需要的时候更能激发他的责任感和内心动力，会变得有担当，会更积极主动。

可是，现实中遗憾的是，独生子女出生后就是万千宠爱于一身，从小得到了太多的关爱和呵护，孩子内在的责任感一直都没有被激活。其实还有另外一个话题，就是我们经常责怪现在的孩子不懂得感恩，因为从小到大得到了太多的爱护、保护，孩子会觉得一切都是应该的，别人对我好是再正常不过的事情。我们只知道营养过度会对孩子的身体健康产生压力，其实，被过度关爱也会对孩子的精神世界的完善产生抑制作用，会有一些人即使生理上长大了，但是没有担当，没有主动承担的意识，就是大家俗称的"巨婴"。每个"巨婴"背后，都会有盲目付出、过于能干的父母。

终于有一天父母会淡出孩子的世界，终于有一天他们必须自己承担起属于自己的责任和义务，如果那个时候我们再感慨为什么孩子们不懂事，其实已经太晚了。所以，亲爱的读者，试着想想看，回到你自己的家里，怎么让你的孩子感受到"被需要"？

"懒妈妈"让孩子感受"被需要"

维克多很小的时候，先生在外地读书，大部分时间只有我们母子两个在家。每天晚饭后是我们固定地讲故事时间，我记得有几次我不经意地说"好累啊，后背都是酸的"，小小的维克多就体贴地过来帮我敲后背，过了一会儿还半懂不懂地问："妈妈，现在你的后背是不是甜了？"

下雪天坐在我自行车后座的维克多小朋友看到妈妈费力地推着他赶路，会很心疼地说："妈妈，等我长大了就可以换我推着你走了。"小学生维克多每天中午会在妈妈还没下课的时候就排队买好饭，天冷的时候会细心地用两个餐盘帮我保温：盖上一个，下面再放一个盛满热汤的餐盘；上高中以后，如果爸爸有应酬不回家吃晚饭，就能看见背着书包的维克多去买菜，然后帮我准备晚餐。我还记得儿子读高二的暑假，我在看电视剧，儿子从房间走出来看看客厅的我，宽容地问："复习电视剧呐？你饿了吗？想做饭吗？"我摇摇头表示自己不饿。就看见高高大大的维克多笑眯眯地走进厨房，过一会儿就端过来一个盘子：牛排、蔬菜沙拉，并且牛排已经细心地帮我切成小块了，等我吃好会马上帮我收掉盘子和刀叉，然后送过来纸巾、切好并且摆放漂亮的水果盘跟我说："吃饱就继续复习电视剧吧。"

或许会有人说维克多是不是天分很高，所以才会这么善解人意？其实，"懒妈妈"才给孩子一个"被需要"的空间。我记得看到我们母子暑假午餐是这么解决的，我妈妈很认真很自责地说："都是小时候把你宠的，那么不爱做家务，还让儿子干活，怎么不知道帮孩子节省时间。"儿子说："你女儿说了，最帅的男生就是买菜做饭的男生，最性感的男生就是不仅买菜做饭然后还主动洗碗的男生，我妈妈是女生，就是应该被保护的。"

母亲的"示弱"也是对自己的解放

家长适当地示弱，是培养孩子责任感很好的途径和方法。孩子会感受到由于自己的存在和点滴付出，让家人感受到幸福和美好，这样就会有坚持的信心和力量，慢慢就习惯了主动付出和承担，这就是责任感。这种素养是可以习得的，那么提供途径创设情境，或者充分利用生活场景，都是值得家长们尝试的好办法。试想一下，以后成为我儿媳妇的女孩子，是不是可以有幸福感？

所以妈妈们，你不需要太能干，学会示弱，学会跟孩子撒娇，学会把舞台留给丈夫和孩子，你会发现，生活变得不一样了。年青一代在这方面会好很多，我们这一代家庭主妇，每逢休息的时间，往往都是在家里素面朝天地干活，然后把最好的东西都给丈夫和孩子，结果就是家人的习惯成自然，孩子不会感恩，丈夫觉得没什么，其实会有很多负面情绪在女性心里积压，一旦他们什么地方做得不好，就找到了宣泄情绪的出口，就会立马化身怨妇，此时这种抱怨会抵消之前全部的付出。但是值得关注的是，这对家庭的和谐和孩子的成长都是负能量，爱唠叨的妈妈其实是家庭的软暴力。所以，妈妈们，从今天开始，学会解放自己，留给先生和孩子成长的空间，让他们觉得"被需要"，责任感才会培养起来。那个充满自信不断成长的你，会把积极的心态传递给孩子和家人，这样就形成了良性循环。

孩子也能成为父母的港湾

还有一个好方法也值得尝试，那就是平等的沟通、建立朋友式的亲子关系，也是培养孩子责任意识的好办法。我曾经把这个方法推荐给很多朋友，大家在实践中都会有不同的收获。家长可以把自己在生活中的压力、工作上遇到的问题跟孩子像朋友一样倾诉，你会发现，你的孩子慢慢变得懂事了，体会你的不容易，主动分担你的压力，会尽量做好自己的事情。

我曾经有好几年生活中压力丛生，有很多时候都觉得自己撑不下去了，但是看到那么懂事的维克多就有了力量和勇气。我记得维克多当时跟我说过一句话让我感动和感慨：我努力做一个最不让爸妈和老师操心的孩子。慢慢地，我觉得维克多就是我的一个朋友，可以说心里话，可以分享快乐，可以一起面对很多难题，这个过程中，真的体会了家有男儿初长成的喜悦，不仅仅是人长大了，而是真的变得有思想、有担当、有独当一面的能力。无论是工作上的事情，还是生活中的具体问题，我都会跟他商量，他从小就会像小大人一样，慎重跟我分析情况，然后提出他认为可行的方案。每每这种时候，都会觉得特别有成就感，特别安慰。

亲爱的读者，希望你懂了付老师这段文字想表达的意思，那就是你不需要一直强大，孩子也可以是为你提供港湾的那个人。为人父母，总想把最好的东西给孩子，哪怕就是为了成绩鸡飞狗跳，其实内心初衷依然是为孩子的未来在谋划、在着急，不管孩子目前是否理解，这种焦虑的源头依然是对孩子深深的爱。可是亲爱的读者啊，千万不要把最重要的东西给忽视了，那就是孩子的责任与担当。

终究孩子要面对自己的未来，终究要靠他自己踏实地走好每一天，让孩子了解到你需要他的帮助，让孩子积极地规划自己每一天的生活，努力减轻父母的压力，真的需要家长们好好动脑筋想办法。

小哈有感

俄国批判现实主义作家列夫·托尔斯泰说过的：一个人没有热情，他将一事无成，而热情的基点正是责任心。

现实中不乏对孩子大小事务通通包揽的家长，孩子只得乖乖服从，久而久之，孩子凡事都依赖于父母的决定，每当遇到什么事情，都会想让父母来做出决定，理所当然地也让父母去替他们承担责任。

付老师这期文章中给到的良方有两则：其一，父母要懂得"示弱"；其二，让孩子感受到"被需要"。这两者显然是相辅相成的，当适度示弱的父母激起了孩子内心"被需要"的感受，孩子终有一天也会成为父母的港湾。

维克多正是在这种"被需要"的感受中成长的孩子。他努力做一个最不让爸妈和老师操心的孩子，并且，他很乐在其中，这正是因为他感受到了自己的价值所在，他知道他生命中的父母、朋友、师长都会因为他的付出而感到幸福，他也会为此感到幸福。

正在为孩子操办一切却始终没有得到孩子感恩的你，是不是让孩子的责任心"萎缩"了呢？相信付老师的这期文章会对您有很大的启发！借用文中的一句话：试着想想看，回到你自己的家里，怎么让你的孩子感受到"被需要"？

培养一个会爱的孩子

有一段时间网上有一个关于家长跟老师之间关系的新闻被炒得沸沸扬扬：家长之前为了给自家孩子换座位未果，然后利用节日发微信红包给老师"挖坑"这件事引发了社会巨大的反响，人们感慨教师这个行业越来越变得"高危"，大家的关注点主要还是聚焦在家校关系上；或者感慨人心不古。其实，这件事中受伤害最深的人不是被套路的班主任：尽管很委屈，但是大家还是能够给予一个公正的评价，也算成长的过程；也不是被网络无限放大事态的当事家长：自媒体时代，作为成年人应该有足够的心理准备承担这件事日渐发酵的结果。而且这是个不缺新闻的时代，很快就会有更劲爆的新闻出来，被公众淡忘、被湮没只是时间问题。

其实，最受伤害的应该是那个孩子：事件的发生、发展和未来走向都是他不可控的，但是所有的结果都需要他来面对和承受。而且这样的强刺激，我特别担心如果没有适当的心理辅导和干预，孩子的未来会留下很多隐患。

家庭教育有一个重要的职责和功能：培养一个人格完善、内心有爱、会爱、也会传递爱的孩子，为孩子一生的幸福奠基。爱的能力是可以习得的，家庭教育在潜移默化中就会在孩子的心里生根发芽。希望付老师今天的故事能对大家有启发。

懂得换位思考的维克多

维克多刚上初中的时候发生了一件事：他的同桌是班长，平时是一个很有管理魄力的小姑娘，那天她因为要参加学校的文艺演出需要提前去候场，背着大大的乐器和演出服，她就没办法再拿书包了，就委托维克多帮她拿书包到总部礼堂，维克多答应了。那时候维克多刚刚学会骑自行车不久，技术还很不熟练，而且他自己选的自行车是赛车类型：没有放置东西的篮子，也没有后面可以带人的货架。从他们上课的分部校区到总部的礼堂步行有一刻钟的路程，但是那条路很窄，来往车辆很多，路旁就是运河，而且河边没有护栏。维克多面对两个大书包有点犯难：只能背着，那么就没办法骑自行车了。他的好朋友自告奋勇帮他拿同桌的书包，因为他的自行车有后面的货架，可以放上去。可是骑行在路上维克多发现好朋友并没有帮班长拿书包，询问了一下，对方回复说："谁让她平时总跟老师打我小报告，我就把她书包丢在校园里了，让她自己回来拿。"维克多没办法，只能再骑回学校，在门卫的帮助下，在操场找到了同桌的书包，背着两个大书包，他只能推着自行车去礼堂了，而且来回折腾耽搁了时间。礼堂前，全年级700多人已经集合完毕，就是说步行的同学也都已经到那里了，班主任老师很着急，看到维克多过来了就声色俱厉地批评他："全年级就你一个人最慢，还有没有点时间观念？"

优等生维克多从来没有遭遇过这样的尴尬：他觉得全年级700多师生都在看他，委屈、难堪，让我们的小伙子眼圈红了，但是还是温和地跟老师说："对不起老师，让您担心了，还耽误大家时间了，我以后再跟您解释吧。"我当时在总部上课，两天后在路上遇到了他的班主任，她跟我说了这件事，我就把事情的过程跟她说了一下，但是跟她强调维克多不希望班主任知道这件事，他觉得是他自己没处理好。

我记得当时回到家里他跟我说这件事的时候，我说你也可以选择跟老师说明一下情况啊？维克多笑着说："唉，难得我们赵老师跟我发火，我估计她知道路况不好，也知道我的技术不咋地，看我那么晚还没到担心才着急的，再说这件事是我没处理好，如果说出来会让好朋友和班长以后的关系更难相处了，也会给老师添麻烦。其实当时我因顾虑太多很难几句话就解释清楚，老师在生气的情况下会把这种解释当成我在顶嘴，那么就太不好了；再说了，好学生挨批评会让很多经常挨骂的孩子心理上多平衡啊。"而且他还跟我说，本来不关好朋友的事，事后他也很后悔，尤其是看到维克多背着两个书包站在那里跟老师道歉的时候，他难过死了，但是当时没有勇气跟老师说明情况。班长也觉得愧疚，因为自己让维克多挨批评。已经够了，不能什么事情都推给班主任处理，又不是小学生，不能让老师操心太多。我记得他的班主任非常感动，一直说他怎么那么善解人意，还非常后悔当时自己那么冲动，不问清楚就批评。

这件事情最后得到圆满的解决其实是维克多一直都能够换位思考，他懂老师的着急是关心，懂好朋友的恶作剧是一时冲动，而且希望给好朋友一个机会改善跟班长的关系，也不希望班主任对好朋友有坏印象；懂得班长平时管理班级的不容易，如果知道这件事以后工作热情会受影响。初二结业之后，我们带维克多来上海读书，我记得同桌一直跟班主任老师说那个座位是维克多的，别人不可以坐，其他同学也说座位要留着，万一维克多不喜欢上海还会回来的；临走的那天，班主任老师带着维克多和他的好朋友们去聚餐给他送行，他回来说："妈妈，我们赵老师真的一直拿我当自己的儿子，送我走的时候都哭了，真的是不舍得呢。"据说一直到现在，赵老师还会说这辈子教过的最得意的学生就是维克多，不谈学习成绩，就是品行、习惯、为人就没有人不喜欢他。

"妈妈，我好幸运"

来上海读书不久，读初三的维克多就跟我说，他的班主任老师恰好跟我们住在一个社区，几次上学放学的路上都遇到她，他就帮老师拎着电脑包，后来索性跟老师约定好了时间，每天都一起上学和放学。最有趣的是，班主任老师的儿子也在这个年级，但是从来不肯跟妈妈一起走，觉得妈妈有点唠叨。维克多和老师每天路上会聊很多话题，老师也奇怪地说，怎么跟自己的儿子聊天没有这么容易呢？

维克多曾跟我说，觉得自己从小就是一个幸运的孩子，遇到很多很好的老师，幼儿园小班那位老师每天都会抱抱他，走到哪里都会拉着他的小手；幼儿园大班的金老师能歌善舞特别爱笑，小朋友们都喜欢她；小学的邵老师还曾经拿自己的衣袖给维克多擦眼泪，小学的戴老师这么多年的每一届学生都知道有一个维克多学长；高中的学生会主席维克多简直就是万千宠爱于一身，在承担了很多工作职责的同时获得了锻炼的机会；在美国留学的时候，依然遇到很多友好的教授，其中不乏著名学者，他们对维克多都很欣赏，鼓励、支持他的发展。除了维克多本身的善良之外，我们在家里一直会跟他说，幼儿园小班的阿姨每天会跟妈妈说，你睡午觉的时候是不是出汗了，吃饭吃得好不好，最喜欢什么玩具；金老师看到你的时候都会蹲下来跟你说话，下次我们跟金老师拍张合照好不好？邵老师布置作业多是担心大家的成绩，其实她很爱你们；赵老师一直都拿你当自己的儿子呢，看看她看你的眼神，眼睛里都是笑意……

亲爱的读者啊，不知道看到这里你有没有懂付老师想跟你说的话？一个心里有爱的孩子，才能感受到周围的善意与美好。成长的路上，即使遇到烦恼，也会从积极的角度去寻求最佳的解决方案，会勇于承担，会考虑到别人的感受，会推己及人，除了顺利解决问题，还可以收获很多美好的情感、友谊。

让孩子感受爱、传递爱

这个世界没有我们期待的那么好，但是也没有悲观者想象的那么糟。生活中，家长不要把自己对社会的负面判断和做法传递给孩子，除了恶意，这个世界一定还会给孩子们准备了很多美好的东西。可是如果家长自己心中没办法正确地看待自己遇到的问题，没办法用正确的方式跟人群相处，这种思维方式会对孩子形成长期的、潜移默化的熏陶，会局限孩子的眼光和观察世界的角度，一个心中被种下怨念的孩子其实很可怜，还来不及感受周围的温暖，就被放到了冰冷的心境中。不仅会左右他的为人处世的方式，更会让孩子的行为出现一些偏差；家里的逆反，学校的愤世嫉俗，社会的离经叛道。

值得提醒家长的是，不是说不能让孩子了解真实的、有美好有丑恶的世界，但是最幸福的孩子一定是小时候读得懂童话的美丽与爱意，长大了也抵挡得住外面世界的风霜雪雨，因为他知道，总会有春暖花开，总会有雨过天晴。

再回到文章一开头的那个新闻，家长总会从自己的角度，觉得自家的孩子最重要，为了孩子的成绩，让老师把最好的座位给自己的孩子是天经地义的。表面看是真的为自己孩子好，但是没想到带给孩子的压力是无法言说的。其实学校教育无小事，我记得上届送走的学生中，有一名学生因为座位的原因在我这里哭了，后来家长还亲自来学校，还是谈换座位的事。记得孩子当时找我换座位的理由是前面的同学有点壮，影响他在后面看黑板。但是他是一个人来的，如果这个情况是真的，就是说他和同桌甚至是后面的孩子们都会受到影响，那么既然同桌是那么好的朋友，他也遇到这个问题，只是自己提出换座位显然不太好，要么你们一起来跟老师想办法，不然老师不能只是考虑你一个人的要求。孩子当时哭了，但是并没有理解我的想法，所以第二天家长又来找我了，我尽管很客气，还是跟家长说了我的想法，不仅要解决问题，还要让孩子们在小事中锻炼、磨合啊。人这辈子能遇到多少惊心动魄的大事？能够锻炼自己的都是日常生活的小事。这样等孩子们独立面对社会生活的时候，我们才会心里踏实。

一个不会爱、不会与人为善的孩子，会有更多的难题要面对。家长会理解给孩子储备很多财富、知识、技能，这样以后会有发展；但是善于在人群中相处，学会感受爱和传递爱是更重要的能力，这个能力的培养，是家长给孩子最温暖的财富储备。

小哈有感

爱，是一种最直接的感受与体验，也是一种最能直接传递的美好情愫。爱的体验与传递没有年龄要求。然而，一个人是否能够成为完整的人，与是否懂得"爱"、是否知道如何去"爱"有着密切的关系。（摘自《论新时期我国家庭教育中家长的认知误区》乔闻钟，2011年4月）

比尔·盖茨曾说："每天早晨醒来，一想到所从事的工作和所开发的技术将会给人类生活带来的巨大影响和变化，我就会无比兴奋和激动。"他的兴奋和激动，源自于心中的大爱。或许平凡普通的我们很难达到这样的境界，但至少，我们能做心怀小爱的人。

这一代的孩子可谓集万千怜爱于一身，如果家庭不能让孩子懂得"爱"是需要"双向"传递的情感，那么太多来自社会与家庭的关爱会让孩子以为"得到"爱与"接受"爱是天经地义之事，久而久之，孩子便自然而然形成以"我为中心"的概念，最后变成不能为社会接纳的、只会利己的、自私的人。

但倘若一个人能够从人之初就懂得怎样去爱自己的家人，他就有可能随着年龄的增长，随着结交范围的扩大，用实际行动去爱他身边的人、周围的人，爱他所在的集体，爱他所处的世界。一个具有爱心、知道怎样付出自己的爱的人，才有可能成为一个大写的"人"。（摘自《论新时期我国家庭教育中家长的认知误区》乔闻钟，2011年4月）

维克多是在"爱"中长大的孩子，他既感受得到爱，也会传达爱。他认为自己幸运。其实，每个遇到维克多的人更是幸运的，充满爱的他比所谓的"充满正能量"的人更可贵，因为他能够用爱理解、接受、化解人生种种"负能量"。有爱的人，无论走到哪里，都不会畏惧黑暗。希望看到这篇文章的父母，都会明白培养一个会爱的孩子是多么重要的一件事。

旅行中的亲子教育

打开微信朋友圈，寒假期间简直就是一场旅行摄影大赛：朋友们来自世界各地的旅行照和美食照片随处可见。尤其是宝爸宝妈们，努力安排假期时间陪伴孩子出游，已经是家庭文化消费的一个重要组成部分。如何充分利用假期旅行的时间和情境，进行有实效的家庭教育，实在是值得好好花费一番心思。今天就让付老师跟大家聊聊通过家庭旅行促进家庭教育的好方法。

人在旅途，其实是在陌生环境、陌生文化中的一次心灵之旅、自我感悟和提升之旅。也就是我们平常意义上所说的，希望通过旅行，帮助孩子开阔眼界，增长见识。所谓见识，就是静下心来感受异地的自然、人文资源，品味风土人情和不同地域的历史文化积淀，在这个过程中见天地、见人心、见真性情。如果只停留在表面的热闹和繁华，实在是辜负了走这一趟。

另外一个话题，我们也经常在旅途中见到很多违和的画面：家长带着孩子，在各种交通工具上、机场、高铁站、旅游景点旁若无人的、各种有失体面的做法和破坏性活动方式，这样的旅行出去多了，只不过是印证一些国人的文明程度有待提高，实在是没有多大价值。

我们教育工作者有一句行话：学校教育无小事。就是说育人是润物细无声的过程，通过日常生活中点点滴滴的积累，最后帮助孩子成为最好的自己。那么家庭教育也无小事，也要通过家庭生活的点滴积累和浸润，形成孩子良好的教养、礼仪和做人风范。未来孩子们走进社会是综合实力的较量，一个有深厚文化积淀、有良好品位和教养的人，其实就是在增加自己的软实力。而这些无形的东西，是需要慢慢积淀的过程。

提高孩子对旅行的认知，从旅行攻略做起

面对即将开始的旅行生活，每个孩子都会充满好奇与期待，此时已经可以提前预热，可以让旅行的价值产生更多的附加值。也许有的家长会有疑惑：我的孩子还很小，让他做攻略，真的有用吗？

2011年夏天，我们去青海湖、敦煌一线旅行，当时有一个朋友的孩子只有小学一年级，他认认真真提前一个星期做旅行攻略，查阅很多网上资料，还跟爸妈几经探讨，认真研读旅行路线，提前查看当地气候特征和天气预报，查找网上的一些相关资料介绍，从妈妈整理旅行箱开始，就给出了很多很好的建议，比如，防晒、御寒衣物、可能出现的高原反应、水土不服的应对措施，在旅行途中，还跟妈妈交流敦煌壁画背后的故事、塞外的古战场以及自己学过的塞外诗词。这些东西既有孩子之前的文化储备的整合与梳理，还有大量新增部分，在好奇与期待这份内驱力的驱动下，孩子此时主动求知欲大增，可能超过年龄和学段的差异，而在途中当自己的攻略用得上的时候，会体会到成就感和自信心，会有一种自己长大了或是很有用的感觉，这对孩子来说，是多么重要的成长啊。

我记得有一年去中原地区的一个古城旅行，那时候维克多读初二，之前我们都很期待，但是见到了地陪导游，我悄悄跟维克多说："我有点失望，生怕那么好的旅游资源被资质不够的导游给糟蹋了。"儿子自信满满地说："放心吧妈妈，我做好功课了，我来给你当解说员。"从正史记载到民间传说，从人文景观到自然风貌，从历史变迁到现在的城市化进程，维克多同学娓娓道来，我一脸认真与满足，这一趟旅行，绝对是超值收获。还有一年是在北京，一周的时间，我们几乎探讨了整部明清历史，感慨梁思成先生未能完整保护北京古城的遗憾。初中生维克多的思考让我震撼，我相信这样的旅途，其实是家长和孩子共同学习、共同成长的历史人文大课堂。

旅行礼仪是家庭教育必不可少的重要内容

起居、用餐、游览、品鉴、观赏等这些小事中蕴含着丰厚的教育资源，也

是基本教养养成的好时机。家长的率先垂范、身体力行至关重要，潜移默化中就会对孩子有积极的影响与带动。更不必说对当地的宗教、习俗的敬畏与尊重，更能彰显家庭的文化品位与教育用心。现在各地的"名媛养成"之类的课程要价昂贵，但是市场依然火爆，说明家长们都希望培养孩子的贵族气质，其实这种气质与属性，是长期的浸润与滋养，速成是不可能的，甚至会适得其反，反而可能带着暴发户的浅薄与浮躁。孩子身上最闪亮的标签不是满身的奢侈品，而是骨子里散发的得体、优雅从容和气定神闲，这种人性的光芒超越容貌与包装。

前几年去内蒙古讲课的时候，听到当地朋友谈起我的奶妈在"文革"时期的遭遇，这个命运坎坷的贵族大小姐，即使是被迫害、被压制到尘埃中，依然带着那份自尊与从容。人们说，她为了体面地出门，即使没有皮鞋，就是穿一双黑色的旧雨靴也擦得一尘不染，一身旧衣服也熨烫得整整齐齐，看不出一丝颓废与寒酸。

很多小事都值得用心去思考

比如，带着孩子出去旅行，家长的着装是需要考量与用心的，对于妈妈们来说，"性感妖娆"与太过花哨都不见得有助于提升孩子的审美能力，我不知道妈妈们是否跟自己的宝贝交流过这个话题，听听孩子的意见很重要；爸爸们也要注意不能太随意，天气炎热的旅行中随处可见的男士们赤膊上阵，实在是有碍观瞻，也会让孩子从最初的尴尬到最后的见怪不怪，其实就是习得了这种生活品位。

无论是中餐还是西餐，基本用餐礼仪有大学问，从餐具使用、座位安排、坐姿、食物的选择，彼此交谈的音量与内容，营造温馨和谐的用餐环境，这些实在是值得好好动脑筋。大家可能都见过在餐厅里的两种极端家长：一种是对孩子的行为严格要求，孩子出现一点问题就大声训斥，即使引来周围的白眼也绝不退缩；另一种是对孩子的所有行为放任自流，觉得旅行就是要释放孩子的天性，哪怕干扰了周围的客人，也觉得是别人大惊小怪，甚至恶语相向。还有自助餐厅那些贪图小便宜或者普通餐厅的惊人浪费行为，表面看是小事，但是家长这些不良表现其实带给孩子的影响是深远的，直接影响孩子的价值判断和行为选择。

无锡梅园的一场"奇遇"

在参观游览的时候，更是培养孩子艺术鉴赏能力和良好教养的重要过程。维克多小学五年级的时候，我带他在无锡梅园赏梅，当时有一位知名画家在那里举办画展，作品精美，但是价格也很高。我们仔细欣赏着，甚至跟管理员借了放大镜欣赏画家细节的处理，感慨艺术表达的精妙与神奇。尤其是一幅牡丹图实在是让我流连忘返，看了很久。维克多悄声问我："妈妈，你是不是想买回去？"但是实在是价格不菲，我还是在犹豫不决。

后来不知道从哪里来了一个旅行团，安静的氛围马上变得喧闹不堪，更可怕的是几个游客竟然动手去摸那些国画，我悄悄跟儿子说："如果是画家本人看到他们这个样子，即使给出天价也断断不舍得把画卖给他们，实在是糟蹋了好作品。"实在是看不下去了，维克多和我当起了临时的志愿者监管工作，耐心但坚定地阻止游客们对画作的摧残性鉴赏。此时我听得身后一个暴怒的声音："画展结束了，请你们出去。"回头看到发怒的那个中年男子脸色通红，面对那个旅行团的人怒目相向。我记得其中一个带着孩子的游客还跟他说想买那幅牡丹图，并且说自己的孩子也学习国画，但他断然拒绝，说已经售出。那个游客锲而不舍地说自己可以加价，但是中年男子连正眼都不看他："别说了，我不会卖给你。"这句话一出，大家知道这个人就是画家本人了。我跟儿子小声说："今天气氛不对，算了，可能我们跟这幅牡丹无缘，走吧，再说好贵啊，我有点买不起，比我一个月工资还高呢。"我们刚刚走到门口，那个画家叫我："那位女士请留步，这幅牡丹图我送给你。"这时候轮到我傻眼了，他像是换了一个人，非常温和地说，牡丹是他画的，可以送给我，只是给旁边他的朋友、那个带着老花镜做裱工的工匠一点成本费就好。老工匠微笑着摇头说："唉，你这是给自己的画找了一个好去处，什么都舍得了。"对艺术和艺术家的尊重，就是对文化和文明的尊重，包括一些民间手工艺人，也是藏龙卧虎，他们的劳动成果同样值得尊重。给孩子上好这一课，是非常必要的。

指导孩子写游记是一件特别有意义的事

在写游记的过程中，会加深孩子的回顾、思考与提炼，是对旅行的深化和升华。我自己一直有写游记的习惯，那些曾经的点滴感动，通过文字的记载，就镌刻在生命的年轮上，这些经历就可以真正变成财富。

我还记得第一次在新疆看到古河道旁的胡杨，当地朋友的一句话让我有了心灵震撼的感觉：胡杨一千年不死，死了一千年不倒，倒了一千年不朽。蹲在那里看倒伏的胡杨木，都不敢大声说话，生怕惊扰了一个不屈的精灵。游记不仅记录了当时的感慨和感动，更是一个内化的过程。历史和现在，世界和自己，在那一刻，血脉相连。

用心陪伴孩子的成长，指导孩子成为最好的自己，首先对家长提出了更高的要求，好的家长是一个不断修炼的过程，把自己变成最好的自己，才能引导孩子走向美好的未来。

小哈有感

每逢节假日，不少家庭都有出游计划，有没有想过让孩子来规划这场亲子游呢？小财务、小导游、小讲解员……或许会有不一样的惊喜！

本期内容告诉我们的是亲子游的"正确打开方式"。父母的以身作则、文化环境的沉浸式体验、孩子更全面地参与到一次旅行中，这才组成了一场有意义的亲子游。

相较于走马观花式的旅游，付老师提倡"注重细节"的方式显得更有韵味，从言行到着装、从了解历史到亲子间的侃侃而谈，这场行走的家庭教育，你值得一试！

或许，父母会发现：旅行，就是这么一个无法替代的成长课程。

家庭教育的重要课程：生命教育

在孩子们迎来开学季的同时，宝爸宝妈们也开始了紧张的伴读生涯，每日体会"家有读书郎"的酸甜苦辣。相信从开学开始，负责的父母们的关注点会从孩子的学习习惯、生活习惯、学习规划等常规管理入手，聚焦的仍然是孩子们的学业成绩。

今天，我想跟大家说的是另外一个需要关注的话题，这个问题对于孩子自身、对于家庭比成绩更重要，关乎着孩子的身心健康和未来的人生观、价值观的确立，也关乎亲子关系的和谐幸福。这就是我们如何在家庭生活中对孩子进行生命教育。曾有几个熟悉的朋友跟我聊起过这样几件事情，对我特别有触动。

第一个故事

读小学一年级的女儿在偷偷玩妈妈新买的电脑，不小心把整杯水泼到电脑上，电脑瞬间黑屏，孩子吓坏了，在妈妈慌慌张张清理水渍的时候，她已经爬到了窗台上，对着妈妈大喊："你要是不原谅我，我就跳下去。"她家住在十几层楼上，妈妈已经被她吓得手脚发软头皮发麻，赶紧承诺不会责怪她，还马上把她抱下来。但是这件事并没有结束，这个宝贝以后再遇到觉得对自己不利的事情，她都采取类似的方式要挟父母，每每都是达到了她想要的结果：父母不仅不敢追究和教育，甚至不敢在孩子面前再提这件事。

第二个故事

也是一个读小学的孩子，在学校跟老师和同学相处非常融洽，但是在家里遇到哪怕小小的不开心，就会口不择言：你们是不是不喜欢我？那么我去死好了，或者其他让父母听了心惊肉跳的绝情话语。

第三个故事

主角是我几年前的一名学生，这个平时看起来跟父母沟通还正常的孩子，在准备出国前，她跟我说的一番话让我心痛，如果是她父母听了会绝望。

她说："我希望我出国后父母能再生一个孩子，我不打算再回来了，他们就当没有我这个孩子就好了。"我追问她这样选择的理由，她说就是跟父母在价值观上有分歧，所以没办法共同生活。我问她接下来大学昂贵的学费是否还要父母继续支持呢？她淡淡地说："他们生了我，就要对我负责任啊。"我说："那么你又不打算未来承担自己的责任和义务，凭什么这样要求父母呢？"姑娘淡淡地说："算他们倒霉吧，谁让他们生了我呢。"孩子当时的表情和平淡的语气，可以看出不是一时的口不择言或者冲动，而是深思熟虑之后的结论。我记得当时我有进行心理疏导，也给她一定的宣泄渠道，并积极促成她跟父母的有效沟通，后来能感觉到她和父母的关系有很大改善，但是我还是有隐忧，我甚至不确定她是否真正改变了这个想法。

这三个案例背后有一个共同之处就是孩子除了需要必要的心理辅导之外，还需要接受生命教育，才能避免以后会有这样可能产生恶劣后果的率性而为。

生命教育，尤为重要

亲爱的读者朋友啊，在这样还弥漫着节日祥和氛围的早春，谈论这样沉重的话题，似乎有点压抑，但是生命教育真的需要全社会重视起来，每年那么多起青少年的自残、自杀事件，一些早熟的青少年超前性行为带来的伤害，还有更多地隐性的心理问题带来的伤痛，都呼唤我们要从家庭教育入手，从家庭文化建设、父母的身教、家庭生活中有意识地安排体验等方面去努力建设一个温暖的人文环境，使得生命教育变得有血有肉有实效，这对于孩子的健康成长意义深远。

上海在2005年3月14日就出台了民族精神与生命教育的纲领性文件，我们德育工作者俗称为"两纲"，其中包括网络安全、预防自杀、毒品、艾滋病等多个方面，号召家庭、学校、社会关注孩子对理解和尊重的渴望，倾听孩子的心声，预防心理疾病发生和减弱这些问题对青少年的伤害，真正落实人文关怀。具体落实在家庭教育中，还需要我们一起探索。西方社会面对毒品泛滥和艾滋病，很多年前就开始重视这个问题；我国台湾省也先行一步，早在2001年就提出了生命教育的概念，我国学者曾指出：真正的生命教育应该从家庭、学校、社会各个方面着手，帮助青少年从小开始探索与认识生命的意义，尊重与珍惜生命的价值，热爱并发展每个人独特的生命，并将自己的生命与天、地、人之间建立美好的共融共在关系。所以，家庭生活是进行生命教育不可或缺的重要载体。

家庭教育中的生命教育

在家庭教育中如何进行生命教育？那就是通过日常生活帮助和指导孩子正视生与死，珍惜、敬畏生命和活着的全过程，学会悦纳自己，并乐于相信和接受多元智能，愿意挖掘自己的潜能；并能够面对东方传统伦理中的合理部分，形成成熟的道德思维和价值判断。

维克多在两三岁的时候问过我一个严肃的话题："人是不是一定会死？死了之后去了哪里？"跟一个幼儿解释清楚这个重大课题还真是一个难题，也不可能毕其功于一役，在每天跟他看动画片、讲故事的时候，慢慢渗透一些东西，但是我知道我的回答并没有解决孩子全部的疑问，只能随着时间的推移，在陪伴他渐渐长大的过程中寻找契机用适合的方式跟他解释。上幼儿园大班的时候，有一天他如释重负地跟我说："妈妈，我们找到一个好办法，这样以后你跟爸爸很老很老也不会死了。"我很惊讶，问他是什么办法？他说："以前你不是说，所有的人都会变老，然后不会吃饭，会生病，然后就会死了，去了一个叫'天堂'的地方，他们在那里可以看到我们，但是不能跟我们说话？如果你和爸爸一直都得到很好的照顾，有人喂吃的，就不会死了，我跟我的小伙伴尚清想出了一个好办法，我们以后都去上夜班，那么白天就可以在家里好好照顾你们了，就不会因为太老不会吃饭出问题了。"

稚子之心，纯洁美好，让我动容。至少那么小的孩子已经意识到他不仅仅是一个独立的生命个体，还跟父母血脉相连，他得快点长大，然后回馈父母的养育之恩。维克多基本没有经历青春期叛逆，而且在成长中非常善解人意，其实我一直很感恩，老天给我一个如此懂事的孩子，除了孩子天生的资质之外，和家庭文化氛围有一定关联。小孩会观察父母对长辈的言行态度，会观察父母工作生活中遇到麻烦时的审时度势的处理方式和心态。这些身教胜过言传。潜移默化的就形成自己的生命观和价值观。这些理念对他的人生态度和人生选择会有巨大的作用。还有助于建立和谐亲密的亲子关系，孩子在有爱的环境中成长，对形成积极的生命观是至关重要的。珍惜并敬畏生命的过程，思考人的价值，反思并调整自己与周围人的关系，是家庭教育贯穿始终的课题。

我父亲生病去世前的那几年，维克多在读小学，我还记得我听到过他跟外公的一次对话，外公说得买票回老家了，自己身体不好，如果真的有问题，也要回到自己的老家，落叶归根。维克多首先是留恋，不舍得外公外婆走，其次是满脸疑惑地问外公："那么，以后我老了去哪里落叶归根呢？老家是一个我并不熟悉的地方啊。"可能是孩子的神态很好玩，尽管这是一个凄凉的话题，但是我听见父母的笑声。父亲去世后，我经常会跟他讲小时候他跟外公之间的趣事，让他在追忆中反思外公平凡而又有价值的人生；2017年的最后一天，我母亲突发心脏病在三亚去世的时候，孩子关于生死的思考已经上升到哲学高度，他写的悼文大意是外婆已经完成了人间的修行和使命，后人对至亲尊长的离开应该追思、缅怀和为她祈福，面对这样从容离开的态度是：此间乐，彼间未必不乐，因缘聚合，慈人西归，与天同生，亦复何求。作为母亲看到孩子对生死问题这样达观的认识，是非常欣慰的。

同时，中国传统伦理的精华部分是家庭文化重要的内容，不是说需要全部尊崇，但是起码的了解是必要的。比如，父慈、子孝、兄良、弟悌、长惠、幼顺等，这些才是国粹，才是值得每个家庭传承的文化内核。从父母的言传身教开始，慢慢地你会发现，孩子会有很大的改观和进步。

培养心中有爱、会爱的孩子

维克多在美国的时候，我每天都看美国新闻和天气预报，一旦看到类似美国枪击案、飓风、社会问题等，总会心里不踏实，他就会及时安慰我，每天不厌其烦跟妈妈报平安，哪怕再忙再累，也会发一个信息给我：妈咪晚安，我回到宿舍了，放心吧。

他还会用数据说话，把他测试的心理健康标准数据告诉我，让我放心。他是一个积极乐观的大孩子，可以面对学习生活的各种压力。看着父母人到中年，并且工作任务繁重，懂事的维克多会用自己的零花钱帮我们买来并每天督促父母补充必要的维生素，督促我们锻炼，休假回家的时候，如果我们说哪里不舒服，马上会帮我们量血压、测血糖，自己还看了很多中医医理，就是不仅保证自己身体健康，同时指导父母家人健康生活。而且每次回来的时候总会给家人都买一份用心的礼物，看望外婆的时候，总会记得给爱花的老人家买一束鲜花哄得她开心。尽管他接受的是美国的高等教育，但是在中国传统伦理观念中长大的孩子有一颗中国心，那么跟父母家人的关系不会随着自己长大而渐渐疏离，而是更清楚自己的责任和使命，通过自己的努力让家人开心和健康。

我们的日常沟通一直传递给他的都是正面的价值观，做人的格局和心胸，我一直深信，一个身心健康、乐观向上、爱生活、爱自己、爱家人的孩子不会有太差的未来，至少能自食其力，至少不会给家人和社会添麻烦。这对于孩子一生的幸福来说，远比单纯地追求一张漂亮的成绩单更有价值。作为家长，从小要慢慢教会孩子熟悉、了解自己的身体，无论男孩、女孩都有重要一课，就是学会爱惜自己，包括自己的身体发肤，包括对自己的未来负责任。不要羞于开口，或者觉得这些东西可以无师自通。学会悦纳自己的孩子，不会轻易因为自己的容貌身材不如人而自卑；也不会因为成绩而气馁，会愿意寻找属于自己的亮点，并发扬光大。这个过程需要父母的肯定、积极的暗示以及父母无条件的爱。而不是面对孩子出现的麻烦就说"你不是我的孩子""你给我丢脸了""我们断绝关系"之类绝情的充满功利主义的伤人的话。

其实，之所以选择这个时段来写这个话题，还因为这段时间是敏感时期，寒假结束之后，孩子们也会有假期综合征，寒假作业可能没有及时完成，作息还很混乱，家长和老师都很着急孩子没有进入状态。其实成年人长假之后也有倦怠等假期综合征，这个时候不是单纯的说教或者批评指责就能奏效的，帮助孩子一起克服这种倦怠和节奏混乱的状态，才是对孩子最有效的教育。去年这个时候发生了几起学生跳楼事件，如果我们从家庭教育开始普及有实效的生命教育，或许很多这样的人间悲剧就会减少，青少年的轻率、轻生行为的发生概率也会减少。所以我一直在不同的文章和讲座中都在呼吁：指导孩子会爱，指导孩子会悲悯，是一件有功德的事情。

在进行生命教育的过程中，家长需要不断地自我充电，付老师建议大家学习一下诺丁斯的关怀理论，真的值得我们好好研究。这个理论通俗地说，就是成年人指导孩子爱自己、爱周围的人，爱生活的小环境，进而由近及远，爱那些远方的人，爱更广阔的世界。能培养一个有爱、有担当、有积极的人生观、价值观，对世界充满探索和热爱，不害怕困难和压力的孩子，那么，我们的家庭教育就是成功的。

小哈有感

生命教育是美国学者杰·唐纳·化特士于1968年首次提出，此后在世界范围内引起了广泛关注。从生命教育近四十年的实践历程来看，它最首要的是从人们要求控制青少年自杀率不断上升的这一残酷现实开始的……（摘自互动百科"生命教育"）

正如付老师提到的，每年开学季，我国都有许多的青少年自杀案件。放眼全球，无论学校还是家庭，无论教师还是学生，轻视生命、残害生命的极端情况屡见不鲜……

人生本来就是一种广义的艺术。每个人的生命史就是他自己的作品。——朱自清生命教育既是一切教育的前提，同时还是教育的最高追求。生命教育的目的，就是要让孩子懂得生命是至高无上的，要学会善待自己，享受成长的快乐，也尊重他人的生命，只有这样，我们才能面对生活挫折，笑对人生，才不会轻易放弃生命，都能享受到自己生命的乐趣！

教会孩子自我保护

开学之后，收到一些家长朋友的求助信息，家长们担心孩子的身心健康和课业负担，最怕的是孩子受到各种伤害。尤其是去年全国各地几起性质恶劣的幼儿园虐童事件，更使得低龄学童家长内心的焦虑倍增；还有一些校园凌霸事件的相关报道，即使是高年级的学生家长也会有担心，自己的孩子会不会遇到类似问题，怎么化解和处理。

千般呵护，不如自护

作为妈妈，我可以理解家长的心情；作为教师，我想说的是其实这些负面新闻也对我的同行们是一种压力，工作中会顾虑太多。怎么破解这个难题，我觉得教会孩子自我保护至关重要。家长无论如何不可能全天候陪伴，孩子终究有一天要长大，独自面对自己的世界，这个世界不是童话王国，没有我们期待的那么好，但是也不会像我们担心的那么糟。教会孩子独立判断，既能保护自己，也要学会跟周围的人建立信任，这不仅对孩子目前的校园生活品质有重要意义，其实也是每个人一生的功课。

幼儿阶段，留心观察

维克多上幼儿园小班的时候仅两岁半，我确定了他自己可以吃饭，会上厕所，而且可以说很长的句子，能够表达自己的想法，才敢把这么小的孩子送到幼儿园。他也有分离恐惧，最初的一个月非常煎熬，第二月开始慢慢变得好一些了。每天我保证第一个到幼儿园接他，从回家路上开始就听他跟我讲幼儿园的事情，我不仅能了解到幼儿园的活动情况和一日三餐，还了解了他跟三位老师的相处情况：大阿姨每天都领着他，午睡起床的时候大阿姨也会帮他穿衣服；长头发老师爱美，每天在教室化妆、吃零食；短头发老师教孩子们儿歌和做游戏。我每天接孩子回家后会仔细观察孩子衣服上的各种痕迹，一日三餐的记号非常明显，证明孩子可以很好地跟我表达在幼儿园里的各种事情。

可是不久就发生了一件不愉快的事情：那天我接孩子回家，看到孩子脸上有泪痕，衣服上有摔倒弄脏的痕迹。他回到家里反复跟我说，明天不想去幼儿园了，因为把老师的化妆盒弄坏了，长发老师很凶，把他推倒了，他哭了，是大阿姨把他抱起来的。我观察了孩子衣服上摔倒的痕迹，的确有化妆品的痕迹。当时我第一反应就是愤怒，恨不得马上冲回幼儿园跟那个老师理论，但是还是忍住了，抱着有点惊恐的孩子一面安慰他一面听他说过程。他说午睡之后老师要求小朋友们都坐到自己的椅子上，他就跑过去在自己的座位坐下了，没看见椅子上有老师化妆后忘在那里的化妆盒，然后那个盒子不知道怎么就掉在地上了，他还指着我的化妆盒说跟这个差不多——小小的，黑色的小盒子。老师就冲过来把他推倒了，还骂得很大声，他很害怕，老师还说让你妈妈明天赔我钱。

坚守底线，果断抉择

当天晚上我是抱着他睡着的，但是半夜醒过来还是抽抽搭搭哭着跟我说不想去幼儿园了，因为把老师的化妆盒弄坏了，反复说了好几次。第二天，我没有送他去幼儿园，而是请之前的保姆奶奶带他几天，孩子的情绪需要缓冲和修复，我也有重要的事情要做——那两天我在找熟人咨询其他幼儿园，帮孩子换了一家优质的幼儿园。

三天后，我去原来的幼儿园给他办理退园手续。我当时没有选择跟老师对质，是否孩子说的是真的，我担心我任何一丝不信任都会给孩子留下阴影，以后遇到问题就不敢跟妈妈说了。而且通过这段时间对这家幼儿园的观察，跟之前的宣传有很大的差异，不仅觉得这家幼儿园管理制度有问题，而且保育人员素质不高，比如，有些保育员经常在教室当着孩子的面化妆、吃零食，是法盲也缺乏沟通能力，自己做错了事也没有任何悔过表示。因为这三天我故意没给孩子请假，也在等老师跟我沟通，可是没有收到。去拿孩子日常用品的时候，大阿姨很惋惜地说："维克多是我们班最聪明懂事的孩子。"我也感谢她对孩子一直以来的照顾和关注；同时语气平淡地跟长发老师说："孩子说弄坏了你的化妆盒，我不知道你用的是什么品牌的，把价格告诉我，我赔你。"那个老师变得有点窘迫不安了，我也没再跟她解释，转身离开。班主任老师追出来跟我道歉，我说："我不想跟那个老师吵架，有伤师道，也希望她能够反省，怎么处理是你们单位的事情，我倒是希望给她悔过的机会，毕竟还年轻，但是我不敢再把孩子放在这样的人身边。"

这件事之后其实我很难过，但是一点不犹豫，尽管孩子还需要重新熟悉新的幼儿园，但是我们遇到的是原则问题，也是底线：那就是任何人不能因为任何原因伤害孩子，即使是有问题也必须跟监护人沟通。所以我跟维克多说："学校的、外面的认识不认识的人都不可以触碰你的身体，更不可以打你，要学会说'不'，必要的时候一定要反抗，学会跟周围可以信赖的人求助。"再大一点教他为了安全可以选择对你最有利的方式——大喊呼救，破坏东西，包括向人求助。

始终给予孩子安全感

后来读高一的时候，维克多班级有一个外地来借读的孩子，那次考试，维克多是年级第一名，那个孩子的学习能力显然赶不上平均水平，一个是万千宠爱于一身的维克多，一个是备受诟病的"学困生"，那个孩子的压力可想而知。终于在毫无缘由的情况下那个孩子冲过来打了维克多一拳：当时马上要八十年校庆，作为学生会主席、班长维克多回到教室叮嘱宣传委员，今天下午一定要把班级黑板报弄好，放学的时候学校会统一检查，那个孩子之前好像答应宣传委员帮忙画版面的，但是那天因为考试成绩一直情绪低落，一笔都没动，此时恶劣情绪完全爆发。

维克多当时的处理应该说很完美。他说我不能给他伤害我的机会，但是也不能还手，尽管我能打得过他，不然就变成打架事件了，需要智慧处理。而且后续还要跟同学们相处，不能因为这件事留下阴影，还得需要化解矛盾，要给他出路。后来维克多不仅是学校老师们最得力的助手，那个孩子也把他当成自己最好的朋友。化敌为友，是一种长大过程中孩子需要学会的智慧。尽管如此，我还是很心疼，尽管我们没有让学校劝退那个人，也没有接受家长的任何补偿，但是那天晚上我还是陪在孩子的房里，握着他的手等他睡安稳。我知道以后还有很多事都要他自己处理，妈妈能做的就是支持他、陪伴他、理解他。

培养安全意识

亲爱的朋友啊，我想说的是我们必须让孩子知道，保护自己的安全是孩子最重要的事情，小时候不能因为胆小、担心别人说我不是好孩子，就选择妥协或者逆来顺受，很多虐童事件、凌霸事件都是孩子被恐吓之后发生的，这样孩子就不会跟家长倾诉自己遇到的问题了；逐渐长大之后更要教会孩子智慧的面对问题和麻烦，并学会灵活处理。

我当班主任这么多年，班级后门口的地方永远少排一个座位，以保持绝对的畅通，并告诉孩子那是逃生通道，如果发生地震、火灾、爆炸等任何危险事件，哪怕在上课，也可以逃走。大家还记得韩国岁月号沉船事故吗？这个惨案最可怜的就是那些无辜的学生，当时发生船体倾斜的时候，船上的广播通知让孩子们留在自己船舱里，不要出来，这样做的孩子后来都没有机会逃出船舱；那些按照自己常识判断这种情况应该穿上救生衣，寻找救生艇的孩子最后都获救了。

充分了解孩子的校园生活，跟老师建立充分的互信，对家长来说也非常重要。这样就可以通过不同渠道了解孩子的日常生活，及时发现问题并及时解决问题。了解孩子跟同学和老师相处得怎么样，最喜欢哪个老师，原因是什么，有几个好朋友，私下里都喜欢聊哪些话题，有没有矛盾，遇到矛盾怎么处理的？欢迎自己的孩子带同学们回家玩，并给予礼遇，借此机会观察孩子跟周围人相处的方式，也是给自己孩子一种尊重。教会孩子可以帮助同学，但是前提是自己不能受伤害。尽量把风险降到最低，我国最近几年在未成年教育上已经有了质的飞跃，像不鼓励未成年人见义勇为，彰显真正的人文关怀。

教会孩子自我保护的前提是跟孩子之间建立完全的信任。孩子能够跟你倾诉，这种亲密和谐的亲子关系本身就是对孩子的保护，比如，自己身体在成长中发生的变化；跟他人相处中一些尴尬问题的处理，包括跟异性甚至同性正常联系中有让你觉得不舒服的地方怎么应对……这些都需要成年人的指导和帮助。

在日常生活中教会孩子一些基本技能也十分重要。除了居家、上学安全之外，比如，路上遇到讨饭的人，可以有同情心，但是要警惕，毕竟这些人里鱼龙混杂，是高危人群；保护好个人信息和各种隐私，比如，我就跟你说了这件事，这是我的秘密，一定要替我保密，教会孩子其实这样做的时候，第一个泄密的人是自己；不能跟一些了解不多的人有单独接触，外出搭车的时候记得把信息发给家长；即使是自己很喜欢的人也要注意交往分寸。

陪伴孩子成长，做会爱孩子的家长，我们该做的事情还有很多。付老师愿意一如既往跟大家一起面对。

小哈有感

你是否好好地思考过这个问题——你的孩子真的安全吗？他是否会在你转身的瞬间，想学着你的样子打开煤气灶而烫伤自己；遇到恶意攻击时，他是否知道"好汉不吃眼前亏"，或是选择向他人求助；当他独自一人在家时，他是否会好奇药罐里的药丸是什么口味而导致过量服用……

现如今，父母们过于重视孩子们的知识教育，让孩子学唱歌、跳舞，关注背了多少唐诗，会多少英文，却极少身体力行地教孩子懂得如何避免意外伤害。要知道，没有了生命，又何谈生活？

付老师本期文章就是希望呼吁父母重视孩子的安全意识培养，切莫等到意外发生再追悔莫及。父母要把安全教育融入生活中，而不是简单的叮嘱与说教。细心的读者一定会从付老师的故事里悟出道理、悟出方法。

教育的核心是万变不离其宗的，永远需要父母的耐心、恒心与爱心，在育儿这条路上，让我们从安全教育开始，把人生经验一一教给我们天真可爱的孩子们。

跟孩子一起成长：家长的自我修炼

开学以来接触了好多不同学段的家长，望子成龙，望女成凤，刚开学那种期待和焦虑都写在脸上。除了担心孩子的学习成绩，很多家长还有一个困惑，就是孩子越来越不愿意跟父母沟通，甚至不愿意跟父母多说话。大家似乎都在内心追问现在的孩子怎么了？其实我觉得还需要有一个自我反思：是否父母身上也有一定的原因呢？良好沟通一定意味着双向的积极互动，并且双方通过这种沟通都能有所收获和成长。如果一直都是一方的说教和价值灌输，另一方单纯的接收，显然不会持续太长久，出现抗拒和逆反也是迟早的事情。

有"价值"的父母

2003年深秋，我父亲去世的时候，我先生说了一句话：长辈中最有价值的一位最先走了。父亲一辈子两袖清风，留给我们的财富是一种文化传承。父母大学专业是物理，但是父亲一生博览群书，我读大学的时候，父亲依然可以跟我谈论哲学问题和经济学话题。至于对文学作品的鉴赏，我更愿意跟母亲分享。等我工作后，父亲依然会跟我聊很多专业性很强的学术话题，我那时候在看费孝通先生的书，父亲跟我探讨了很多次。我还记得父亲跟我聊过很多法律方面的最新进展，那时候《预防未成年人犯罪法》刚刚出台不久，父亲特意买了一本给我，还搜集一些相关的文章推荐给我，并意味深长地说："这部法律终于出来了，美国两百年前就有了类似的法律，教育者要好好研究，我们的法制进程还有很长的路要走。"

亲爱的朋友，付老师想说的话题是，跟孩子像朋友一样沟通的前提，除了家长放下身段，平等对待孩子，不用家长权威和自己的价值观左右孩子的思维，形成民主的家庭氛围之外，还需要家长自身不断的自我充电，活成一个内心独立、可以给自己高质量人生的有趣的人，那么不需要情感绑架，不需要传统伦理中孝道的约束，你依然带有温暖的光芒，让孩子愿意接近你，跟你倾诉，舒缓压力，获得某种支持和力量。这就是有"价值"的父母，愿意终身学习的父母。

家里的"公共书架"

维克多还没出生的时候，我们的家当很简单，两个人两只皮箱装满四季衣服，两个装满床上用品的行李，两只大的纸板箱装满随身用的书籍，后来我们有了简单的家具和家用电器，增长最快的部分是书籍，我们不仅留着大学时代的各种书，甚至还保留了全部的杂志，及至后面有了比较大的房子后，我每次回娘家的时候就带几本自己以前读的书回来，先生则是每次出差都会大包小包地买书回来，后来我们几次搬家的时候，工人都问几十箱那么重的东西到底是什么？我神秘地说"是黄金"时，工人一脸不信，他们大概有很多的人生经验，觉得果真有这么多黄金的人家也不是这样的搬运与储藏方法。我先生悠悠地说："书中自有黄金屋，她没有骗你，对我们来说，真的是黄金。"

孩子开始读书的时候，不仅给了他独立的书桌和书橱，而且所有的书籍都是我们带着他一起去书店，让他自己挑选的，后来他不满足那些给孩子看的书，开始到我们的书架上寻宝，有时候给他打扫房间的时候，站在他的书架前会忍不住感慨，他阶段性地把自己喜欢看的书籍拿到自己房里，然后经常到家里公共书架上换书，从他书橱摆放的书籍，就能看出孩子最近阅读的东西，能看出孩子在逐步成长。我们家的公共书橱，就是孩子随时可以去探宝的宝藏。他也开始买书，而且一发不可收拾，都是那种大部头需要体力才能拿得动的书籍。去年我重新开始看《平凡的世界》，他觉得原来的书籍太旧了，而且字迹太小，就帮我买了新的版本，他说自己顺便也再看看这本书。他还很小的时候，我们就很乐意接受维克多小朋友的文化反哺，在孩子的影响下，也开始扩展自己的阅读范畴。

阅读可不是苦差事

维克多读书涉猎很广，天文地理、历史哲学、文学艺术，甚至中医和玄学，当然还有他的主攻专业经济学。比如，最近他在看乔治·艾略特的书籍，这个应该是受他的女朋友影响，兰心蕙质的姑娘本科开始研究文艺复兴和维多利亚时代的文学，研究生的主攻方向也是这个。我看到他在看《米德尔马契》的时候，就开始琢磨什么时候有时间也找几本这个作家的书籍看看，其实那种维多利亚时代的自然和人文背景，加上乔治·艾略特独特的叙事风格和价值观，也是我的最爱。

当阅读不仅仅为了跟孩子能对话，自己也会觉得内心愉悦，有收获，这种成长才是最重要的。就是这样，如果单纯地是为了孩子，这种自我充电就变成了苦差事；如果是自己喜欢，那么就会完全不同。喜欢就意味着你的内心对美好依然充满向往，那种动力是从心里流淌出来的，而不是外力强加给自己的，你的人生质量依然在不断提高。也许会有读者说，生活和工作的压力那么多，怎么还会有时间寻找自己喜欢的事情呢？还不如下班后看看手机，看看电脑，放松一下。其实如果尝试一下，你会发现，阅读是很好地减压方式，那种用手机碎片化的阅读会让乐趣和期待打折扣，所以我还是更喜欢一卷在手那种安静的传统的读书方式。

不断的自我充电就不会把人生的全部希望都压给孩子，因为自己哪怕人到中年，但是你的人生一样可以很精彩，一样充满无限的可能，那么你的孩子也会有一种动力和思考，去更好地完善和挖掘自己的人生价值，选择最适合自己发展的道路。人到中年还有规划自己的能力和热情，本身就是一件充满希望的事情。通过你的自我规划和努力，让孩子实实在在地体会到平凡的人生也可以更有价值，可以活出精彩。用非常专业的态度对待自己的工作，但是并不缺乏生活的情趣和审美，也是对生命的热爱和尊重，这样的父母会潜移默化对孩子产生很大的影响。

不忘充实自我世界

　　维克多上大学后，我开始写网络小说，两年的时间写了几十万字，也拥有很多粉丝。那两本小说有我青年时期生活的痕迹，也有人到中年之后的疑惑和思考。我不知道维克多是否完整地读过，但是他跟我说，他女朋友都读过，甚至我们这个专栏文章他女朋友也是每期必读。写作本来是我少年时代的梦想，现在是重新出发，带着岁月积淀的沉香，用更成熟的眼光去看曾经的自己，看未来的道路，或许对孩子们也是一种启发和借鉴。自我成长还意味着与时俱进，依然有接受新思想的能力。面对风云变幻的世界，不停留在对过去的回忆和依恋中，而是坚信过去很美好，但是未来更值得期待。无论怎样，社会一定会不断前进，作为个体，必须跟随时代的脚步。我想说的就是一旦自己对现状和未来只剩下担忧和抱怨，而对曾经的事情充满深情，就意味着自己真的落后于时代了。

　　可能有的读者会有压力，觉得我就是当年读书不多，才跟孩子交流起来不顺畅，其实很多学历很高的父母也会遇到同样的问题。所以学历不是决定因素，最关键的是我们是否愿意跟孩子一起成长。愿意放下身段了解孩子真实的校园生活，了解孩子内心真实的想法，给予必要的宽容和尊重，也给予一定的成长空间，不把自己的价值观强加给孩子，不把自己没有实现的梦想转嫁给孩子，而是尊重孩子根据自己的爱好和能力进行的多元价值选择，这是对生命成长规律的尊重，也是亲子沟通的重要前提。哪怕在具体的专业领域不能跟孩子有交集有互动和沟通，但是具体到生活的内容，依然可以让孩子有所借鉴，你的见识依然可以对孩子有一定的启发，这样的亲子关系一定不会太糟。

父母的自我修炼

　　2016年春天，那时候母亲刚刚从海南过冬回到上海，我的两本小说印刷成册了，母亲充满期待地跟我说："你拿给我看看。"有一天我回到家里，看到母亲拿掉近视镜，在午后的暖阳下，脸上带着安静的笑容，手里捧着的是女儿写的小说，见到我回来，笑眯眯地说："我看了两遍了，故事表达很细腻，人物形象也挺鲜明的，真不错，有笑天舅舅的风采。"彼时母亲的白内障其实很严重了，其实她只有一只眼睛能看得见文字，但是几十万字的小说，母亲细细看了两遍，没有舍得折页脚，而是管我要了书签，等她看好还给我的时候，书带着母亲的温度，但是依然那么平整。那几天因为小说，我们又聊了很久……我十九岁在萧红故居附近的医院住院的事情，母亲还记得很多细节，她说我小说里都有写过，窄窄的小街，我们一起吃过饭的小店，门口不远处我经常过去看书的萧红故居。母亲说那时候好担心啊，那样体弱多病又多愁善感的女儿，但是知道没办法代替我成长，只能用心陪伴着我，让我知道父母一直都懂我。

母亲说，当时她跟爸爸商量好，每周每人给我写一封信，收到我的信必须当天及时回信，她说这样的文字交流比面对面的交流会让我可以从容表达自己的感受。我还留着好多当年父母的亲笔信，尽管他们都去了天堂，但是那些珍贵的文字仍记录着他们陪着我走过生命中雨季的点点滴滴。父母的家书中没有一句颐指气使的说教，都是在跟我讲故事，从那时候我正在看的书，刚刚看过的电影中寻找一些切入点，跟我谈一些严肃的话题。现在回忆起来，那个时候父母人到中年，工作、生活压力可想而知，但是他们依然保持着每周跟我笔谈的习惯，陪着那个脸色苍白、爱做梦的小女孩终于成就了最好的自己。

所谓父母的自我修炼，就是把对孩子的爱，变成一些实实在在的自我提升行动，为了更好地陪伴，为了在灵魂上跟孩子一直靠近，彼此可以取暖，父母一直没有停止自己向前走的步伐。

小哈有感

父母们总操心"如何教育好孩子"，"恨铁不成钢"的也绝不在少数，可你是否知道父母以身作则、不断地自我提升就是对孩子最好的教育。

我们常说的家庭教育，虽说接受教育的主体是孩子，但是教育的实施者是父母。如果孩子在成长、在进步，而父母却原地踏步，又何来良好教育可言呢？正如付老师所说，教育的本质是一场自我修炼，在圆满孩子的同时，父母必圆满自身。

读到付老师母亲用一只能看见字的眼睛把付老师几十万字的小说细细看了两遍之处，不禁被深深打动，即使有再多的困难，有心的父母定能把这场自我修炼做到位，并以言行影响着子女后代，让这场用心的修炼得以传承。

各位读者是否在付老师本期与我们分享的家庭故事中感受到"传承之美"，这样的家庭文化是愈传承愈美的。文章的最后，小哈想引用一句寂静法师的名言：父母是原件，家庭是复印机，孩子是复印件。

如何培养孩子的专注力

经常有家长跟我咨询孩子上课效率不高的问题，在家做功课即使不玩手机也特别容易走神、发呆、精神涣散，家长们很着急，老师们也无奈，这的确是一个不容忽视的问题，大家关注的"注意力"恰恰是孩子最基本的适应环境的能力，也是学习任何东西的必要条件。怎么培养孩子的注意力呢？今天付老师跟大家介绍一些基本的常识和方法，希望对家长们能有所启发。

值得注意的是，面对孩子注意力不集中的状况，家长首先不能用唠叨和训斥的方式来解决问题，这样反而使得问题会复杂化，甚至会加剧孩子的情况。冷静下来，我们需要仔细分析，找出孩子注意力不集中的原因，然后寻找针对性的训练措施，其实无论你的孩子多大都还来得及，专注力是一生都需要的能力，只要不放弃，还是有希望。

影响孩子注意力的原因

1. 身体健康因素

如果有必要可以带孩子去测试一下血铅含量，血铅含量严重超标的孩子甚至会导致多动症；还有偏食的孩子也需要关注，可能是缺乏足够的微量元素，还有缺乏必要的运动，也会造成孩子的注意力下降。如果排除上述生理原因，那么我们可以试着从其他角度去寻找问题的成因。

2. 人际关系因素造成的心理压力

孩子在学校跟老师相处的愉快吗？跟同学关系怎么样？需要关注师生关系

和同伴关系，随着孩子学段的增加，同伴之间的相互影响力会显著上升，不被同学接纳的孩子会对上学缺乏足够的信心和动力，自然也就不会有好状态。最重要的当然是亲子关系，父母的教育方式直接影响着孩子的注意力。大量案例表明：被过度呵护的孩子，父母过于强势，不被父母肯定，过度唠叨，很少听到赞美，这些都是造成孩子专注力差的原因。

3. 环境因素

家庭环境是否整洁干净，孩子的房间是否有很多色彩？物品摆放是否会分散孩子的注意力？家庭氛围是否安静、给孩子足够的安全感？家人的生活方式是否是有规律、健康？

4. 生活习惯因素

从小是否经常长时间看电视或者使用电子产品？这种声光电的视觉冲击和音效冲击会让孩子习惯接受这样比较强烈和鲜明的信号，那么面对文字就会觉得单调和无聊，阅读习惯没有养成的孩子，很难对文字信号产生兴趣，没办法从文字中感到情感的变化和冲击，更不容易从基础注意力（视觉、听觉的分辨、记忆、理解和听动协调、物体恒常等）上升到高阶注意力（情绪管理、策略思维、语言逻辑、目标管理等），这就是为什么我一直在文章中反复强调早期亲子阅读的重要性的原因。如果家长在孩子幼儿时期就关注注意力问题，其实后续很多情况都不会产生。

亲爱的朋友，估计你看到这里的时候已经心里很紧张了是吗？会有各种压力和无助的感觉对吗？别担心，既然今天跟大家谈这个话题，就会有相应的措施指导大家怎么来弥补之前家庭教育中的缺陷所造成的孩子专注力不够的现象。除了刚才在归因的时候谈到的几个方面，大家可以尝试有所改变，其实还有一些好的训练方法，只要长期坚持，应该会有一定效果。

训练专注力的好方法

1. 制订家庭规则

孩子和父母都遵守的电子产品使用规则，包括奖励原则和罚则，父母跟孩子一起遵守，会让孩子心理比较能够接受，不然家长一方面不允许孩子使用手机和电脑，但是自己又不遵守这个规则，孩子会有抵触情绪。

2. 不给孩子一次买过多的玩具和书籍，是一个很重要的原则

如果读者朋友看过我之前的文章应该还记得，我跟维克多关于买玩具的规则、买书的规则，一方面是给孩子养成规则意识，另一个重要方面就是他要充分使用现有的玩具和图书，这个过程也是培养专注力很重要的过程。太多的花花绿绿的玩具和图书，就会让孩子没办法专注于一件事上，心里会有浮躁的感觉，没办法体会心思安静的感觉。

3. 布置给孩子的内容不要一股脑给很多

如果孩子还没有学会时间分配和管理，会有手忙脚乱的感觉，效率反而打折扣；如果超过了孩子的心理承受能力，会产生躲避和逃避的意识，就是大家最不愿意看到的现象：明明今晚那么多事情要做，可是孩子还在拖拖拉拉、慢吞吞地磨蹭，孩子用行动表明内心十分抗拒，最初进行专注力训练的时候，任务量要有所考量。换位思考很容易理解，就像你在单位工作，领导每天都有小山一样的任务压过来，而且还贴身肉搏般地出没在你左右，不断唠叨你的效率，估计你也会疯的，所以"己所不欲，勿施于人"，有时候就是欲速则不达，需要智慧、灵活地处理问题。

4. 尽量不干扰孩子做好他喜欢做的事情

你可以观察，但是不要打扰孩子的兴致。比如，孩子蹲在地上观察蚂蚁、观察小猫小狗可以看很长时间，玩沙子也可以乐不思蜀，这都是专注力的自我训练。在维克多小时候，他爸爸给他买了很多种彩泥、橡皮泥和各种积木，包括一个大型的类似于现在孩子玩的乐高的建筑积木，那套积木差不多花了我一个月的工资，可是一直到现在我们还给他保留着，维克多前几年甚至还到网上看过类似那套玩具的价格，打算买一套送给亲戚的小朋友，也就是说那套玩具给他留下了非常深刻的印象。

我记得还是先生在重庆读书的时候，维克多只有两三岁大，他爸爸提前放假在家，维克多想尽办法忽悠在按时上幼儿园这件事上没什么原则的爸爸，等我回家的时候看到的场景就是：爸爸躺在床上看足球赛，但是一动都不能动，他的身上被儿子摆上了各种玩具，我问维克多在干吗？他说在搭建城堡，刚刚完成，所以爸爸不能动，不然城堡就坏了。我同情地看着不敢动的先生，他偷着笑说："我儿子可认真了，嘴里还念念有词，他的城堡是有生命有故事的，这个工程差不多搭建了两个多小时了。"还有孩子玩各种彩泥和橡皮泥的时候，我给他一块大的纸板，允许他把纸板放在柜子上玩，这样就不会弄脏家具。可是某天回来的时候，靠近两米长的柜子上摆满了维克多小朋友的彩泥作品，孩子一脸的兴高采烈，老爸气定神闲地在一边看书准备论文资料，可是浅色的柜子上已经五彩斑斓了，并且色彩进入油漆里面，我尝试了一下，终于发现颜色是没办法清理干净的。看着处女座的我一脸的挫败感，儿子笑眯眯地安慰我说："别担心，我爸爸说了可以这样玩，没事，等我长大了他再帮你把家具重新上漆就好了。"旁边的老爸点头称是，那套家具是先生自己动手制作的，从木料到油漆全部自己完成，至今我们还留着，只是那个承诺帮我重新上漆的人却没有履约，但是估计孩子玩的时候不需要顾忌到家具，就可以尽情发挥自己的想象力和创造力，有一个偌大的操作平台，肯定是一件好事，想到这里，我也就心理平衡了。

亲爱的朋友，讲了这个故事是想跟大家说，通过游戏是可以培养孩子专注力的。比如，走迷宫游戏、找异同游戏、拼图游戏等，从感官训练开始，借助游戏培养孩子专注力。

著名的"舒尔特训练法"大家可以尝试，不仅广泛应用于儿童专注力训练，也被应用于大学生、新入职工作人员和飞行员的专注力训练。但是需要长期坚持，需要父母的用心陪伴。简单跟大家介绍一下舒尔特训练法，就是画成1—25个格子，在格子里写上不同的数字，然后让孩子读出来的时候必须同时用手准确点击，如果准确率高还可以给一定的奖励。但是奖励也是有学问的，目的是让孩子有自信心同时更愿意跟父母一起玩这样的游戏。在此基础上，可以逐步扩大格子和数字，包括使用一些色彩。这个游戏主要运用盯点法，把视觉、听觉、触觉等感官集中在一件事上，这种训练长期坚持会有效果的。

其他训练方法

1. 大声朗读

大声朗读也有利于训练注意力，会帮助孩子排除一些外在或者内心的干扰因素，也不能溜号和发呆，这个方法还是把听觉、视觉统一起来，也是一个值得尝试的好办法。

2. 给孩子主动提问的机会

亲子阅读和讲故事中给孩子提问的机会，也是训练专注力的好办法，孩子会集中精力听故事，然后提出问题，并且家长表扬孩子爱动脑，提出的问题有质量，孩子得到赞许会在下一次的听故事中注意力会更集中。

3. 规定时间内完成学习任务量

从定时到定量的家庭规则的制订和转变，需要跟孩子商量，也可以参考老师的建议，如果完成了就鼓励，如果不能及时完成要跟孩子一起想办法看看怎么调整，以提高效率。在孩子做事的过程中，家长负责观察，但是需要尽量减少唠叨和训斥的次数，以让孩子自己感觉到这是他自己的事情，他应该对时间和任务量负责。

4. 孩子学习环境的布置也需要关注

我以前家访的时候曾经跟学生开玩笑说把书桌按照什么样的规则整理好，旁边的镜子要拿走，这是风水。孩子们尝试之后惊喜地说："老师，真的有用，把那些东西按照您的要求摆放之后心里踏实很多了。"其实就是简化和规范了孩子读书写作业的环境，减少色彩和物品的冲击和压力，这样可以帮助孩子安静地进入学习状态。

还有一点也需要提醒大家，需要家长了解自己的孩子属于哪种类型，这个方面至关重要。明确自己的孩子属于哪种类型，才能更好地引导孩子发展。不是所有的人都能做到视觉、听觉和触觉都集中于一件事上。

有的孩子属于视觉型注意力的孩子，那么你能观察到孩子的表情和眼神非常集中，看到东西会迅速有反应，这种类型的女孩子居多，在学校容易得到老师的表扬，会促进孩子更加认真表现；另外一种属于听觉能力强的孩子，看起来心不在焉的，没有目不转睛盯着老师看，但是问到具体内容他都可以回答，并不能说明他没有听课，这种类型的孩子比较吃亏，容易被当成课堂开小差而遭到老师的批评和家长的唠叨和训斥，其实孩子很无辜；第三种更可怜，就是触觉能力突出的孩子往往会被当成上课有小动作、扰乱课堂纪律等，他需要通过触碰和触摸才能真正跟被认识事物建立联系，这种孩子的动手能力和操作能力往往很强，但是往往会遭到很多批评。

还需要了解注意力作为一种重要的能力，包括持续型、选择型和分配型，才能明确自己进行的训练是从哪个角度进行的，怎样评估成效：持续型注意力就是使得孩子能够在比较长的时间内完成一项任务，前面说的不打扰孩子认真做他自己喜欢的事情，就是一种很好的训练；选择型注意力，可以让孩子在受到干扰时避免分心，比如，我们小时候就知道的毛泽东年轻的时候特意到人多的场合去看书，就是培养自己这方面的注意力；分配型注意力就是可以让孩子一次完成多个任务，这是比较高的要求，在最初训练的时候慎用。

与其忧心忡忡满心焦虑，不如开始学习，带着问题去学习，才是跟孩子一起成长。做一位合格的父母，需要学习的东西还有很多。一位终身学习的父母，才是给孩子成长最好的环境。

小哈有感

对意识的掌控决定了生活的质量——米哈里·契克森米哈

专注力，可能是这个时代最稀缺的能力。作为成年人的我们每天一睁眼就已跌入信息的汪洋之中，更何况是对于这个未知世界充满着好奇的孩子们，有太多五花八门的新鲜事能够分散他们的注意力。

有趣的是，一旦为人父母，即使自身的专注力再怎么匮乏，也都相当专注于培养孩子的"专注力"。这里就要说到付老师一直倡导的"做一位终身学习的父母"——在培养孩子之前，父母应该从自身出发——整日抱着手机的父母无法有充足的底气禁止孩子玩电子产品。

对于孩子专注力的培养，付老师在文中还提及了不少专业领域名词，经过简化与通俗解释，希望更能让各位父母理解。对于问题的根源分析和解决方法，付老师也提供了非常有逻辑性、条理性的罗列，相信对"有心人"必会有所启发。

批评孩子的艺术

许多家长都觉得现在的孩子经不起批评，父母面对越来越长大的孩子也会觉得有无力感，小时候似乎还能听得进父母的忠告和教育，长大一点了父母一开口孩子的脸色就不对，甚至甩手走人。反应比较严重的孩子还会有一些过激行为，让家长无所适从。

古语说"玉不琢不成器"，家长对孩子必要的引导和教育是不可或缺的，但是家长发现了孩子的问题之后怎么进行批评才能有教育效果，需要动点脑筋，有点智慧。希望付老师今天的故事能对你有所帮助。

每一次犯错都是孩子成长的机会

我在近三十年的教育工作实践中，有一个习惯就是遇到问题不轻易找家长，不是不相信家长不配合我们的工作，而是不确定家长听到自己孩子一些犯错的事情是否能控制好自己的情绪，是否能有效地配合我的工作。关己则乱，一些在社会上处理问题比较成熟的家长，面对自己孩子出现的情况依然没办法都做到冷静客观。所以说家长面对孩子出现的错误，怎么进行批评教育，是值得好好研究的一门艺术。

维克多小学三年级暑假时，我接到父亲病危通知，带着孩子急匆匆地赶回故乡，希望能有点时间陪伴和照顾父母。在父亲病重期间，侄儿一直跟我父母生活在一起。面对家里非常时期的困难，当时还没有读初中的他表现出的懂事让人心疼。我发现他没有必要的工具书，家里的辞典还是我上学时候用的，我就带他买了一个电子词典，可以查很多东西，比如英文单词，不仅有语法介绍，还有读音功能，是侄儿当时学习比较需要的电子工具。

没想到这个电子词典让维克多羡慕嫉妒各种复杂心情都出来了。本来这两个孩子尽管一年只能见一面，但是兄弟情深，平时只要给维克多买衣服鞋子零食之类的东西，他总要说一句"别忘了回哈尔滨的时候给哥哥买一份"。这次买电子词典的时候，我是觉得维克多目前还用不上，而且电子产品更新换代非常快，现在买就浪费了。当时他也同意了。但是在买之前就已经有端倪，比如：他会偷偷威胁哥哥，你要是不怎样怎样，我就跟我妈说不给你买电子词典。那段时间，我也是实在分不出心思来跟他聊这些事，父亲卧病在床，本来患有各种慢性疾病、需要人照顾的母亲此时不仅所有家事要亲力亲为，还要为父亲求医问药，那时候我哥哥和妹妹都在经历人生低谷，我尽管心神大乱，但还是要硬撑着支撑起这个困难重重的娘家。

两个孩子的冲突终于升级了。表面看是无关紧要的生活小事，但是我知道起因还是因为那个电子词典，因为孩子们发现，这个东西不仅能学习用，还可以在上面养电子宠物。面对每天学习和娱乐两不误的小哥哥，维克多小朋友终于忍不住了。记得当时好像两个孩子都哭了，经历家庭变故、有点早熟的侄儿当时哭着说的一句话，至今仍然让我心疼：弟弟是美国少年，想要什么都有，我是伊拉克少年，我们就是不一样的。父母也被孩子这句话惹得红了眼圈，一时间家里的气氛特别凝重。

散步闲谈，打开心结

尽管当时心乱如麻，还是耐下心来准备跟维克多小朋友做一次特别的谈话了。其实我知道看到哥哥哭了，他已经很内疚和心疼，但是不愿意表现出来，孩子需要一个台阶，更需要一次反思和升华。如果我们处理得好，每一次犯错都是孩子一次成长的机会。晚饭后我悄悄跟维克多说："你跟妈妈出去散步好不好？"他估计做好了挨批的准备，一脸的落寞，但是还是跟我走出去了。路上我们一直拉着手，我先问他天有点热，要不要吃一个冰激凌？他摇摇头，显得有点心事重重。我绝口不提这几天的事情，而是看着周围的店铺跟他回忆以前带他和小哥哥出来玩得开心的事情，包括这次回老家之前他一再提醒我要给哥哥买跟他一样的衣服的事情。我说："妈妈知道，其实你是爱哥哥的，比谁都爱，是不是？这次是妈妈考虑不周，没有想过你看到哥哥使用电子词典的感受，你会有很多不好的体验——哥哥有，我没有，而且是我妈妈给他买的，他还不给我玩一下，是吗？如果是妈妈这么大的人，遇到这样的事情也会不开心，所以妈妈懂你的感受，先跟你道歉，谢谢宝宝一直都对妈妈这么宽容，没有因为妈妈的粗心跟妈妈不开心。"维克多眼泪在眼圈转着，但是忍着不掉下来。我再跟他说："其实哥哥也最爱你，很多好吃的、好玩的都等着你回来一起吃一起玩，你每次走的时候他最舍不得你。哥哥很坚强，面对那么多生活压力还一直成绩优秀，咱们要鼓励他，妈妈鼓励他的方式就是给他买需要的学习用品，你想想你可以怎么鼓励哥哥呢？因为哥哥更在乎你的鼓励。"

维克多好一会儿都没怎么说话，内心一定不平静，这也是孩子自我教育的好机会。过了一会儿，他说："妈妈我错了，不该这么小心眼儿，我会跟哥哥道歉，然后请哥哥在给电子宠物喂东西的时候允许我在旁边一起看行吗？"等我们回到楼下的时候，他说："好热啊，妈妈你请我吃一个冰激凌，我口袋有三块钱，我用自己的钱给哥哥买一个，以后哥哥上大学如果需要的话，我也会用自己的压岁钱支持他好好读书。"

孩子的脸上终于有了笑容。

回到家里，两个孩子关在房里好一会儿，我们终于听到了孩子开心的笑声。后来，小哥哥还经常把电子词典大方地拿给弟弟单独玩一会儿。一个月后，我们出发的时候两个孩子依然难舍难分。

批评也是一门艺术

之所以选择把孩子带到外面谈心，一是孩子跟成年人一样有自尊，也给侄儿一个情绪的平复期，人多的时候，并且还有外公外婆的袒护，维克多也很可能不合作，那么看到弟弟因为自己挨批评，哥哥心里会更压抑，不仅不利于解决问题，而且也不利于两个孩子以后的相处。所以从谈心的环境上，我给维克多一个相对轻松的环境。

再从话题的切入点上，我没有直接说这几天发生的事情，而是从以前的生活片段说起，营造一种轻松温情的氛围，让这次的沟通变得有效。并且充分运用"同理心"表示理解维克多当下的感受，即使是我也不一定做得更好，让孩子觉得妈妈还是理解他的，为接下来的深入沟通做好情绪疏通和减压。

后面允许孩子有反思，允许孩子自己去处理这件事，其实就是把成长的空间和机会留给孩子，不直接给结论和答案，留给孩子自己思考，其实才是对成长的尊重。教育需要契机，更需要情境，需要跟孩子建立共感，也需要尊重成长的规律，让孩子从生活细节中去体验和反思，然后进步。

批评孩子切忌定性评价：比如，如果上面的故事中，我如果直接批评维克多说他自私，估计会激起孩子内心的委屈和逆反情绪，无疑是火上浇油。

从根源解决问题才最有效

透过现象看本质也是家长在处理问题之前需要做的一件重要的事情。表面看两个孩子是因为其他事情发生了冲突，但是能够看出事情的根源还是在电子词典上，所以必须找到问题的症结，尽管之前我跟维克多商量过，他也表示同意，但是毕竟他没有亲身感受到哥哥在旁边用电子词典而自己没有的真实感觉，所以孩子此时有情绪变化其实是需要得到家长关注的。就像现在很多生二宝的家庭，之前是征求过大宝意见的，但是孩子理解的二宝到来和真实的场景还是有很大差距，孩子会发现，家里人的关注焦点就是那个不分昼夜动辄哭闹的"小不点"，根本不是父母之前跟自己说的，是给自己生一个小伙伴，陪自己玩，所以心里会有落差，甚至会失衡，所以此时大宝的心理辅导工作非常重要。有失落，有焦虑，有烦躁，甚至影响到内心安全感，觉得父母的宠爱都被分走了。如果这时候单纯地说你是哥哥或者姐姐，应该照顾和保护弟弟妹妹，这样的说教很难让孩子内心的压力舒缓下来，后面还是需要做必要的疏导工作。

尊重孩子的自尊心

十几年前我在江苏工作的时候，刚刚新接手的班级，课间休息的时候，一名男生跟隔壁班级的男生发生了冲突，拎着光秃秃的拖把杆追打对方，尽管没有打到，但是引来很多学生的围观。后来通知我去政教处领人，然后配合处理问题。那时候已经是中午午休的时间，我把这个孩子带到校门外的快餐店里，那时候的情境特别不适合带他去食堂，众目睽睽之下的压力和男子汉的自尊，他可能明知后果也会选择对抗。我把自己盘子里的猪排也分给他了，让他好好吃饭，吃饱了我们再谈这件事。吃饭的中间他两次跟我说"对不起，我给你惹麻烦了"，但是我只是示意他好好吃饭，吃饱了才有力气跟老师交流。后面谈话的切入点从他跟对方是好朋友谈起，后面的交流特别顺畅，孩子不仅跟我说了原因，还说了这段时间自己家发生的事情和压力，还想到了各个方面的解决办法，可以说，我只是疏导了情绪，然后帮助孩子面对他遇到的问题，跟他一起面对和解决。

基督教中有一句名言：上帝都允许年轻人犯错误。学校和家庭是孩子生活和成长的地方，当孩子出现问题，家长和老师都要管理好自己的情绪，然后了解孩子内心真实的感受，建立共感，疏导压力，才能跟孩子一起对错误，修正自己的不足。

没有哪个孩子是天使，我们自己也不完美，那么就接纳孩子可能出现的问题，然后陪伴孩子，共同面对成长中的各种烦恼和麻烦，这样的批评会让孩子不仅心服口服，而且会促进孩子自我反思和寻求解决问题的办法。这也就是家长跟孩子一起成长吧。

小哈有感

孩子不接受批评怎么办？——其实转念想想，作为成年人的我们，在接受批评时也会不由自主地产生或多或少的抵触情绪，更何况是对自己情绪毫不掩饰的孩童。孩子们或许正在用自己噘嘴、哭泣、甚至与家长顶嘴的行为在告诉家长：可不可以给我一点面子？

英国教育家洛克说过："父母不宣扬子女的过错，则子女对自己的名誉就愈看重，他们觉得自己是有名誉的人，因而更会小心地去维持别人对自己的好评；若是你当众宣布他们的过失，使其无地自容，他们便会失望，而制裁他们的工具也就没有了，他们愈觉得自己的名誉已经受了打击，则他们设法维持别人的好评的心。"

　　正如付老师对维克多、对学生的"批评"，她不会在事发时立刻严厉批评，而是给予孩子缓冲冷静的时间后再进行敞开心扉的交流，做到了把握批评的时机；当她与孩子进行沟通时，既给予孩子诉苦的权利，也坚守底线地把孩子向更好的一面去引导，做到了刚柔并济；在了解每件事原委后，能够设身处地站在孩子的角度去理解他们，不会一味苛求孩子，更多的是让孩子自省自悟。这样的"批评教育"要比剑拔弩张的训斥更深入孩子的内心，产生的触动与影响也就更大。

　　各位爸爸妈妈，还会苦恼于既想指出孩子缺点帮助其改正，却又担心措辞过严伤了感情、态度过于温和达不到效果吗？相信付老师本期文章会帮助你掌握"批评"这项育儿路上的重要技能。

听孩子说说他的梦想

很多朋友跟我反映自己的孩子学习动力不足，浪费时间严重，家长看在眼里，急在心头。以前我也曾跟维克多探讨过这个话题，那时候他在读高一，每天忙忙碌碌，辛苦程度不亚于别人的高三状态。我记得维克多跟我说，缺少目标的人就会缺乏动力，更不会感受到时间紧迫，他说自己已经规划好了十年以后的事情，因此每一天都必须努力，不能浪费时间。这件事让我印象深刻，高中生维克多一直是在向着自己向往的人生目标奔跑着，哪怕很辛苦，也甘之如饴。

很多家长朋友或许会有疑惑，我们也跟孩子说明确目标的重要性啊，甚至帮他规划好了从小到大该做的事情，但是为什么孩子就提不起精神呢？消极、倦怠，对什么都缺乏热情呢？

面对这样的情况，或许家长需要自己反思，那个目标到底是孩子自己的想法还是家长塞给孩子的？怎么才能调动孩子内心的热情和力量，让他向着自己的目标奔跑，今天付老师就跟大家谈谈这个话题。

父母助我梦想成真

我七八岁大的时候，爸爸带我看了苏联电影《乡村女教师》，我还记得从电影院出来，我坐在爸爸自行车的横梁上，大声说："我长大了就做瓦连卡那样的老师吧！"爸爸只是笑着听女儿说话，没说什么。我还学着电影里的台词说："向前走，穿着破棉袄，别害臊，前面是光明大道。"

后来，爸爸在家里的院子里帮我挂了一块小黑板，我每天像模像样地教邻居小朋友识字、算数，说起来我还是很多跟自己同龄孩子的启蒙老师；读初中的时候作文得了一等奖，便从此认定了自己以后是当作家的人，读书、练笔，拿了两回稿费，更是觉得自己的志向明确；高中的时候又爱上了考古，甚至借阅了很多考古的书籍，跟父母说大学准备报考考古专业。每每我这样带着梦幻跟父母述说自己的想法，父母都在认真倾听，没有当时就说这个想法不切合实际，或者说这个职业不适合你。而是跟我一起很认真地面对我的想法。

我记得妈妈甚至把我几篇很稚嫩的文章誊写好之后寄给笑天舅舅（原中国作家协会副主席，长影副厂长，妈妈的弟弟），还把舅舅点评修改后的文章和信件交给我保管，舅舅也鼓励我直接跟他通信交流自己的想法。后来，我看到了长辈之间来往的信件，他们历经"文革"，劫后余生，所以舅舅当时在信中跟妈妈说，咱们家里有我一个文人就够了，不要让孩子们再从事文字工作，孩子自己会吃太多的苦，家人也会跟着担惊受怕。看到信件的时候我已经读大学了，还问妈妈为什么当时没有跟我说舅舅不希望后辈亲人从事文字工作？妈妈说："其实我们也不舍得你真的一辈子爬格子写文章，太辛苦，也有风险，但是当时不能阻止孩子的梦想和热情，那么小的孩子又不能理解政治风浪和压力，只能等着你慢慢长大再跟你说，或许你就有另外的想法了。"

或许就是父母的耐心倾听让我萌生了一个又一个的梦想，然后在不同的年龄阶段都有激励自己前进的想法，并且一辈子都保持着生活的热情和向往，永不放弃自己。

让梦想，自由飞翔

亲爱的朋友啊，我想说的是，每当我们冷静、理智、客观地打断孩子一个在成年人看来不切合实际想法的时候，就是往孩子的热情上泼冷水，被这样对待得多了，即使再有自己喜欢的事情，孩子也很难打起精神来，因为之前的阴影一直都在孩子心里存在着。或者有时候家长会说，你现在的任务就是好好读书，考上一个好大学，那些不切合实际的想法不要去想，浪费时间，你只要好好读书就行了，未来的专业、职业我们比你懂，都帮你规划好了。那些外力加在孩子身上的目标，对孩子来说只是徒增压力，没办法形成动力和热情。

不知道大家有没有观察过蝴蝶破茧成蝶的过程？如果旁边的人看到那么小的生命在独自挣扎会觉得太艰难了，忍不住伸手去帮一下，帮它快一点挣脱羁绊，其实这个动作会害死那个充满力量的小生命，因为蝴蝶自己挣扎破茧成蝶的过程中，一旦被外力拉扯过的就停在了那个时刻，没办法飞翔了。

就让孩子自己去做梦，那些伴随着孩子成长的梦想会不断地激励着他，去寻求自我成长和改变，慢慢地从青涩少年变成有担当的青年。

如果家长给孩子的梦想泼冷水，会让孩子有一些不好的心理感受和不自信的判断，那些梦想本来没有成熟，甚至孩子也没有规划好如果前进中遇到困难该怎么办，他没有体验激动和压力的机会，就没办法激发和调动内心的情感，就是他的内心小宇宙一直都没有被激活，缺乏足够的燃烧热情的过程。同时，家长的理智客观会让孩子要么觉得自己之前的想法很幼稚很糟糕，以后再有机会也不敢轻易形成自己的想法，如果是已经开始实施被腰斩的梦想，更是孩子心头的痛，他会有自动负性判断：我就是自不量力，我就是没有毅力坚持梦想的人。

要么孩子也会觉得你们不理解我，以后再有心里话也不会轻易跟父母倾诉。可想而知这样的亲子沟通一定会有问题产生。

听一听孩子的梦想

找个轻松的环境和时间，就听听孩子的梦想吧，你会发现，孩子的内心世界那么美好，充满了希望。跟孩子一起守护心中那些希望的种子，静待花开。其实很多人的梦想如果坚持下去不放弃，都可能有一定程度的实现。比如，我的作家梦，因为这个梦想，青少年时代我的阅读量是周围其他孩子的几倍甚至几十倍，我开始观察生活，积累素材，念念不忘，必有回响，这辈子写文章都是我的爱好，也给我的工作和生活增添了亮丽的色彩。如果当时被父母断然否定，估计就是另外一种光景。再比如，我喜欢考古，至今仍然对历史情有独钟，甚至我的审美都带有年代感，这种喜好沉浸在骨子里，变成了一种人文积淀。

维克多幼儿园中班时开始画儿童简笔画，非常投入，每天回家都会费很大的力气爬到椅子上，认真地画画。我有时候说："宝宝，你要不要休息一下？"他会很认真地跟我说："老师说一定要每天都坚持画画，不然以后就不能当画家了。"那时候，小小的维克多内心有一个彩色的梦想——当画家；后来小学生维克多迷上了军事史，尤其对一次世界大战的来龙去脉如数家珍，看了很多著名战例、杰出政治家和军事家的传记，那时候，他跟我说以后要考军校的指挥系，当一位将军，我认真地跟他探讨着他的梦想，听着他给我讲战争的故事，也会陪他看反映战争题材的电影，这个梦想一直到初中才换成了其他的；高中的维克多在各级模拟联合国比赛中脱颖而出，业余时间研读大量国际法和相关文件资料，并且苦练英文，甚至开始用英文思考，用英文写文章，口语突飞猛进；这为他后来的发展奠定了坚实的基础，包括大学选择专业，我们也只是说尊重你的选择，但是我们有建议权和知情权，我们把自己的想法告诉他，然后你怎么选择，我们都选择尊重并支持。

倾听孩子的梦想，并指导孩子为了梦想去努力，其实就是在陪伴孩子的成长，这个过程中，孩子和家长的收获远大于那个结果。可是如果我们最初就剥夺了孩子做梦的权利，而是从外部强加一个科学可行的理想给孩子，怎么能期望孩子对这个理想和目标充满热情和向往呢？这就有点像让孩子放弃一见钟情相爱的恋人，而迎娶从未谋面但身家背景都符合父母要求的陌生姑娘，怎么能指望新郎还会对这个新娘多好？

每个人都是一个独立的生命体，所有的生命体验都要自己经历。如果父母能够舍弃一些浮躁的、功利的想法，能够安静下来听听孩子的内心想法，或许很多家庭教育的内容就会发生变化，或许就把成长的机会还给了孩子。

小哈有感

"梦"与"想"，这两个很缥缈虚无的字，却可以组成一个格外神奇的词语——梦想。之所以说它神奇，是因为"梦想"既可以弱到不堪一击，也可以强到所向披靡，这个含有极端可能性的词语却无时无刻不在向世人证明着：事在人为。

何人所为？对于已经建立三观、有能力对自己的言行负责的成年人而言，梦想的可能性把握在自己手中，为之努力与否只在一念之间。那么，孩子的呢？他们对这世界所知甚少，太多的阴暗面未曾知晓，他们的梦想由谁来负责？

付老师本期文章给出了答案：孩子。其实，每个人生来就要为自己的人生负责，父母只是在孩子没有能力的方面给予适度的帮助，作为人生的一部分，梦想的形成是无法从外界获取帮助的，梦想的实现也是不应为外界所干扰的。

文中提到维克多"多变的梦想"之处着实可爱，这不正是一个孩子心路历程的体现吗？付老师不曾要求维克多在学生时代就拥有坚定不移的梦想，反而很悦纳孩子与她沟通不断更新的梦想，但在关键之处会行使自己的建议权。这在无形中加强了维克多的自信心，同时，在表达梦想后得到的成熟建议也会给予维克多足够的安全感。

像付老师一样尊重孩子的梦想，你，愿意试一试吗？

培养一个不"抱怨"的孩子

经常有家长朋友说，孩子无论是生活上还是学习上遇到一点困难或者麻烦，就开始怨东怨西，家长为了让孩子坚持下去要么说服教育，要么威胁利诱，但是收效甚微，尤其是低学段的孩子，未来的求学之路还那么长，怎么让孩子学会正视自己遇到的问题，不断突破成长的瓶颈，更好地发展，是家庭教育中的重要课题，也是付老师今天要跟大家沟通的话题。

"你们为什么不带我玩？"

维克多小时候有几个经常在一起玩的小伙伴，这几个孩子的父母也都相互认识，所以孩子经常回家谈到他们之间的互动。过了一段时间，维克多回家说起小朋友的时候，有个人的名字就基本不怎么提起了，我问他是不是跟小朋友闹别扭了，他说那个孩子太爱哭，遇到一点事情不合意，要么就死缠烂打，要么就哭哭啼啼，跟他一起玩太辛苦。

后来有一天放学的时候，我们在学校门口遇到了，那个孩子见到我就说："你家儿子玩的时候都不带我，其他小朋友也都不跟我玩，他们太自私了，他们都不喜欢我。"孩子妈妈有点心疼地看着自家宝贝，跟我说："付老师，要不你回家跟维克多说一下，下次他们玩的时候带着我家孩子吧，他这么可爱，在家里我们什么事都顺着他，从来没有让他受过委屈，他还小，最好大家能体谅他一下。"

哪些孩子容易"爱抱怨"

相信大家看到这里都能懂，这也是本文所说的第一种现象，一个在学校生活中爱抱怨的孩子，应该是感觉到失落感，从家人的百依百顺，到独立面对各种人和事，会有心理落差，会找不到存在感，所以会采用一些方式表达自己的不满，希望能得到周围人的接纳和认可。但是内心存在很多不开心的因素，又找不到出口，因此会把问题的矛头都指向外部和他人，以期引起别人的改观来适应自己。这样的孩子在校园生活的适应期会非常有压力，因为他不知道怎么跟周围的人相处，如何让别人接纳自己。所以，被过度保护、过度宠爱的孩子容易变成抱怨的人。从对人慢慢到对事，抱怨的习惯一旦养成，就很难改变这样的内心逻辑。

第二种现象，相信大家也见怪不怪，家人看到不小心摔倒了或者撞到了什么东西在哇哇大哭的孩子，家人第一反应是冲过去抱起孩子，然后用力地敲打摔疼孩子的地板或者撞了孩子的柜子，口中还会念念有词：打它，打它，看看它还敢不敢伤着我宝贝。长此以往，在这样的家庭育儿理念中长大的孩子，一旦遇到任何问题，都会把问题的责任推给别人，也很难吸取教训，更不会主动去寻找解决问题的突破口，依赖性很强，容易退缩。所以，当孩子抱怨的时候，我们其实首先要反思，到底是哪里出现了问题。

第三种更需要家长反思，那就是这种抱怨的思维方式其实是孩子从家长身上习得或者仿同得来的。我们经常说家庭文化基因是可以复制的，其实就是孩子从家长身上耳濡目染地接收了家长处理问题的方式和价值观，慢慢地就变成自己对人对事的准则，而且最可怜的就是他认为这种方式是天经地义的，不能理解为什么周围的人不体谅自己，如果没有人及时指出孩子的问题，慢慢可能形成自动负性想法：我就是那个被排斥的孩子，我就是不合群的孩子。

第四种情况有点复杂，输不起的孩子更容易抱怨。一直在赞扬声中长大，遇到问题家人总是说"你是最棒的"，但是这种只给结论不给策略的肯定对孩子来说并没有解决他的问题，严格意义上来说，这样的表扬其实是没有给孩子留退路，增加了孩子新的心理负荷，一旦结果不尽如人意，为了表达自己没有辜负最棒的称号，所以尽量从外部或者别人身上找原因，推卸责任，但是内心的压力依然会很大，对孩子的身心健康都有影响。

第五种爱抱怨的孩子往往出现在家庭教育相对严肃、刻板、不允许孩子犯错误、家长从来不表扬的家庭，遇到问题，从家人那里得不到理解和支持，父母不会跟孩子一起面对问题，而是选择责骂甚至处罚。有些孩子为了逃避家长的责罚，会抱怨，其实就是面对太强势父母的一种弱者思维绑架：我没有错，我不需要承担责任，所以你们不要责怪我。

辩证地看待孩子的"爱抱怨"，一般性的抱怨还属于孩子的心理自我防御机制，是孩子的一种自我保护，需要教育者进行基本的评估和判断，不要轻易否定。但是这种抱怨如果是一种常态，甚至形成了固定的思维模式，那么就需要反思家庭教育中可能出现的问题，正确归因，找到问题的症结，然后对症下药，跟孩子一起面对，给孩子一个更广阔的成长空间。

如何使孩子不再"爱抱怨"？

改变孩子从改变家庭教育理念、改变家长自己的处事方式和价值观开始。首先自己就开始做一个不抱怨的人，遇到问题主动承担，积极寻求解决之道，这对孩子也会产生很积极的影响。同时审视自己的家庭教育理念，是否有付老师前面说的几种情况？是否要从自己身上找原因？是否要做出一些改变？

同时，遇到问题能够帮助孩子体验从"受害人思维"到"负责任思维"的转换，并且能够感受到主动承担责任，其实内心会有一种被需要、自我价值实现的感觉，通过这样有意识的角色转换体验，培养孩子积极面对问题，同时也提高孩子内在发展需要的层次。

我们来分析一下两种不同思维模式，假如今天早晨你没有听见闹钟，叫孩子起床晚了，孩子急匆匆赶到学校，发现尽管自己都没吃早饭还是迟到了，接着又发现由于太匆忙整理书包，自己昨晚精心写的作文没有带，语文老师因此很生气，本来有可能拿到作文竞赛初赛资格这下可能就泡汤了。相信这一整天孩子都很沮丧，就这样不开心的一天，我们下面从"受害人思维"和"负责任思维"两个角度体验一下内心变化。

首先是"受害人思维"：都怪我妈妈，自己没有时间观念，说好了到时间叫我还说话不算话，不仅让我迟到，还没来得及仔细检查该带的东西，昨晚花了那么多心思写的作文都没带来，如果拿不到作文竞赛的名额不怪我，都是我妈不好，语文老师也不好，就不能给我一次机会吗？总之我没错，责任都是别人的，我不需要对今天所有的事情负责。

再体验一下"负责任思维"：迟到这件事真的没办法避免吗？其实以前妈妈也有因为太累没听见闹钟而起来晚的时候，我其实也可以在自己房间再设置一个闹钟，这样不仅我不能迟到，妈妈也不会手忙脚乱了，而且如果我昨晚临睡前整理好书包，是不是就可以避免类似早晨忘带作文这样的事情发生呢？其实这件事本来就是我自己的事，可以不用怪别人的。

亲爱的朋友，你可以跟孩子一起体验，同一件事，不同的思维逻辑产生的不同结果。慢慢地这种体验所产生的变化就会在孩子身上潜移默化地出现，孩子会学会主动承担，背后是学会了换位思考，学会了体谅别人，学会了担当，培养了良好的习惯。

当孩子在抱怨的时候，当孩子在乱发脾气的时候，家长们默默地反思一下，除了倾听和同理心帮助孩子减压之外，还要思考，接下来的家庭教育是不是需要调整方向和内容？

小哈有感

抱怨，往往伴随着许多负向能量的输出，但又不得不承认我们离不开它。因为压抑想法和情绪可能会造成长期压力和健康问题，强忍着不抱怨可能会对生理与心理有负面影响。成年人尚且如此，更何况是孩子呢？正如付老师文中说到的，我们要辩证地看待孩子的抱怨。

对于孩子"爱抱怨"这个问题，付老师将其分为五大原因，如果你是有类似困扰的爸妈，相信一定能从中找到共同点。对于如何解决孩子"爱抱怨"这个问题，文中提到的"受害人思维和负责任思维"正是根本所在。

孩子一旦形成受害人思维模式，就很容易陷入"弱者圈套"，会把自己置于非常弱小无助的境地，而与之相关的人就很可能被归类为"非常不道义的人"，从而导致这类孩子总对周围的人心怀不满，所以总是在抱怨。

而拥有"负责任思维"的孩子具备更强的"自省"能力，能够更客观、理智、冷静地面对问题，并且从小就明白要对自己的一生负责，才会不去抱怨生活中的种种，而是把关注点放在如何强大自己上。

同时，各位爸爸妈妈也要知道，孩子就是一个家庭的缩影。如果你不想培养爱抱怨的孩子，自己就要做不抱怨的家长，多跟孩子正面积极地沟通；安排孩子做一些家务，锻炼孩子承担责任勇于担当；遇到挫折，辩证地看待事情，带领孩子一起去尝试解决，积极行动！

培养一个乐观合群的孩子

前段时间接受一个家长咨询案例，来访的家长和孩子都认为在学生时代最靠谱的事情就是好好读书，取得好成绩，在学校里是否有好朋友无关紧要，学校的活动更是能不参加就不参加，空出的时间还不如给孩子找补课老师来得实在。

果真如此吗？不参加学校的各项活动、在学校里没有好朋友对孩子来说会产生怎样的影响？今天付老师就跟你说说这样的故事，希望对家长朋友有所帮助。

治愈"公主病"

几年前，我带着学生去东方绿洲军训，去检查女生宿舍内务的时候，发现一个姑娘的东西都散落在外面，换下来的睡衣随意地堆在床上，跟周围室友内务整齐的床铺形成鲜明反差。而且床单上还有一块很醒目的血迹——孩子正在生理周期，自己没有发现也是正常的，但是周围的室友竟然都没人提醒她去找宿舍管理员阿姨换洗床单。当时我让其他姑娘帮她整理一下乱七八糟摊在床上的东西，因为是班主任老师要求的，所以同宿舍的姑娘们按照我的话帮她做了整理，但是我能看出大家并不情愿，看得出这个孩子在这个小群体中没有相处较好的朋友。

还有一年是带着孩子们去绍兴，最初在学校分组的时候，有一个姑娘就一个人呆呆地坐在自己的座位上没有动，我看到每个组报上来的名单中都没有她的名字，我问她怎么回事，她说："平时跟大家都没什么来往，现在分组同学们都没有主动过来找我，我就不好意思去主动加入哪个组，万一人家都不想要我怎么办？"

在我的推荐和沟通下，她被一个小组接收了。活动的第二天早晨，宾馆房间都已经退掉，各组学生按照要求把自己的背包行李放在指定房间的指定位置，等大家都出去分组活动的时候，我发现宾馆大堂孤零零地放着一个背包，无奈只能寄放在服务台，等下午返程之前集合的时候问到底是谁的背包，果不其然就是那个最初没有分组的姑娘。她给我的理由就是以为同学们会一起帮着拿到指定位置，当我问她有托付同学帮忙拿吗？或者同学认识你的背包吗？她摇摇头，以为昨天都背了一天了，大家应该认识吧？如果大家不认识，说明就是她们还是排斥我。我反问道："你认识其他组员的行李背包吗？"她想了想摇摇头。

这两个姑娘都因为没有朋友而不能很好地融进集体被我找了好几次，其实在其他方面她们都是非常好的姑娘，只是付老师担心，这样的孩子在集体中慢慢会被边缘化，孩子的学校生活品质会下降，甚至会局限孩子的创造力和未来的发展。

后来两个姑娘都有了可喜的变化：第一个姑娘在高二成了社团社长，经常带领不同年级的学生积极参加学校的各项活动，自己的潜力被激活，后来被国外一所很好的大学录取。我在给她写推荐意见的时候着重强调了孩子组织策划活动的能力、合作的意识和能力；另外一个姑娘后来也慢慢跟我敞开心扉，让我心疼这个孩子曾经的心路历程，更是在她身上花费了很多的心思，希望孩子走出自我封闭。

社交也是一种需求

与人交往、通过活动在集体中找到自己的存在感，在较短的时间内融入集体，对孩子们来说，是非常重要的适应社会和环境变化的基本能力和素质，通过老师和家长们的引导和帮助，逐步提升孩子内在需要的层次，而且这样的能力是可以习得的，所以更值得家长关注和重视。

在马斯洛的需要层次论中，比较低级和基础的需要如生理需要、安全需求，当这些需求得到满足之后，人们才会有进一步提升需要的内在诉求。比如，尊重需求和自我实现需求，都是需要个体获得集体的接纳、认可、尊重、被需要实现的。所以当一个孩子进入学校面对学校生活，家长应该鼓励孩子主动跟同学友好交往，并主动参加学校的各项活动，同伴之间的互助与相互影响会让孩子学会悦纳他人，也学会客观审视自己的优点和缺点，见贤思齐，从善如流，慢慢地会有很多可喜的变化。或者看到其他孩子身上的一些不好的习惯，哪怕不愿意提醒对方改正，但是至少自己意识到这样的习惯不好，也会在生活和学习中有意识地避免在自己身上出现同样的问题。孩子道德观念、道德标准的形成过程中需要有成年人的榜样作用，更是在与同伴协调中逐步形成并成为自己遵守的价值准则。随着孩子年龄和学段的增长，同伴互助和同伴之间的影响力进一步上升，高中阶段甚至可能超过家庭教育和学校教育。

孩子会在社交中成长

也许有的家长说，万一遇到品行不好的孩子怎么办？我家孩子会不会跟着学坏呢？其实这是孩子需要面对的一个课题，也是必须学习的一门功课，那就是带眼识人。学会区分周围人的善意还是不良行径，学会抵制不良的行为和进行必要的自我保护，这样的家庭教育会让孩子少走弯路和少犯错误。试想那些走上社会之后还不会择友、不能很好地处理跟周围人关系的孩子，其实成长的代价和成本就太高了。

学校的所有集体活动，其实都是在贯彻教育方针，本着育人的理念精心设计与策划的、适合孩子身心发展水平和要求的活动，目的就是搭建平台，通过活动达成育人目标，并且促进集体和个体共同进步与成长。活动的价值和作用不容低估。我们曾经在"美丽成长计划"中设计过"寻宝活动"，这是一个活动套餐，一共包括20项任务，有的看起来很简单，有的孩子们看到了就觉得有难度，但是我们的活动规则是每个小组有权利选择先完成哪一项，但是一旦开始就不能半途而废，否则就只能退出活动。这个活动规则的目的就是培养孩子们面对困难的勇气和坚持下去的精神。大家是否有发现，如在家庭教育中，有些活动本来是孩子自己最初喜欢并且积极参与的，但是一旦深入其中，遇到阻力，就想半途而废。但是在集体活动中会有同伴的鼓励和鞭策，轻易不能放弃，等活动完成了孩子会有成就感和自豪感，也能体会到成功的喜悦，这种感受对孩子的成长来说很珍贵。

我记得当时我们的寻宝活动设计了一项活动是这样的：每小组捡20个空的矿泉水瓶子送给拾荒老人，并要求一起合影留念。很有意思的是，每个小组几乎都是从这项活动开始的，凑齐20个矿泉水瓶很容易，难度出现在要求合影这个环节上，孩子们没有想到的是，竟然都被拒绝了。其实我们最初设计这个项目，就是想让孩子们懂得：哪怕大家眼中的社会最底层的生命，一样是有尊严的，值得尊重。他们连续被拒之后开始思考，用什么样的方式完成这一任务，还能最大限度保护好拾荒者的自尊。每个小组采取的方式不同，但是都感动我了，孩子内心的情感力量被激活，对生命有了新的审视和看法，这就是成长。

帮助孩子更好地融入集体

指导孩子学会跟周围的人相处需要家长的耐心细致。维克多幼儿园、小学和初中都经历过转学，每到一个新环境，我们都会每天跟他聊新认识的小伙伴和新的老师，而且记住他说过的名字，过几天还会问一下跟这个孩子相处得怎么样。我记得初三维克多刚刚来上海读书，那时候，他们学校允许学生带一些干点心下午充饥。我每周末都会给他买五种不同的饼干，保证他一周五天会有不同口味的点心带着。有一天维克多突然跟我说："妈妈，你不用每次都挑那么好那么贵的点心买，其实无论带到学校多少，我只能吃到一块，其他的都被同学分掉了。而且有的孩子每天都只是吃别人的东西，自己从来不带，我也不想带给这样的孩子了。"我跟他说："或许他们家长工作很忙经常不记得给孩子准备点心呢，再或者他们家里有什么特殊情况我们不知道，就当给同学准备的福利吧，至少吃点心的时候大家在一起是快乐的，以后大家考到不同高中还会记得，维克多不仅学习成绩好、能力强，而且带来的点心也都很好吃，也是好事啊。"

指导孩子跟周围的人相处，需要家长的智慧和可操作的方法。社交距离，怎样跟陌生人说话，怎样跟老师们相处，遇到一些问题应该怎么应对，等等，此时你的人生经验对孩子来说都值得借鉴。这种借鉴是因为生活中遇到的具体事件和问题，亟须这样的策略指导，慢慢坚持，就会对孩子产生潜移默化的影响和熏陶，这就是家庭文化基因的传承和复制，不是通过说教的方式，而是通过具体策略的指导让孩子接受这样的经验。

当家长们关注点还在漂亮的成绩单上的时候，其实我很想跟家长们说，你的孩子是不是快乐，是不是在人群中有自信，是不是能够处理好生活中的具体问题才更重要，这关系到孩子未来的生活品质。

小哈有感

在独生子女政策实行的三十余年里，有这么几代人"被迫"养成了独来独往的习惯。如今，他们有的已经为人父母，有的已经长大成人，有的还是孩子……然而时代的特殊性让"合群"这项本应与生俱来的能力在他们身上变得需要去学习、去适应才能掌握。

不合群的孩子往往在家中被过度溺爱、敏感而自卑，甚至还会出现攻击性行为。很明显，文中提到的两名"公主病"学生曾经都不擅长主动沟通，把他人的帮助视为理所当然，试问谁会愿意与这样的人交友呢？试问谁能在被孤立的情形下还能若无其事地"保持乐观"？好在有付老师的悉心引导，最终她们都向"合群"迈进了一大步。

如果你认为自己的孩子不够合群、整日闷闷不乐，却又不知道该怎么做才能帮到他，不妨再读一遍文中维克多的故事。成长于一个多变的环境中，不断地转学要求他具备很强的适应能力，对于一个新班级而言，能够合群就是适应的第一步。他也曾像孩子一样在意过一些小事，而妈妈的循循善诱帮助他调整心态，终于成长为一名大度且合群的男子汉。

我在此呼吁各位爸爸妈妈更多地关注孩子的心理健康，乐观的心态与合群的能力是孩子漂亮的一生所必备的，这远胜过一张漂亮的成绩单。

考试前的家庭心理辅导

五月和六月，是我们通常意义上的"考试月"，几乎基础教育中所有的相关考试都会安排在这两个月中。且不说六月份的高考和中考，目前五月初就将要进行的是高二、高三学生的等级科目高考，幼升小、小升初孩子的入学报名也都集中在这个时间段。还有大大小小的其他各种常规考试，表面看这些考试考察的是孩子对知识的掌握程度，以及复习备考阶段的准备情况，其实不尽然，考前准备阶段的心态和考试过程中的自我心理调整，这些都十分重要。

面对考试季，面对孩子的压力，家长们除了做好充分的后勤保障工作之外，其实还可以关注到孩子的心理状况，利用一些生活细节，帮助孩子减压，积极面对即将到来的各种考试，取得属于自己的好成绩。

多观察，多倾听

生活中仔细观察，这是发现问题的第一步，对接下来要采取什么样的干预措施和指导策略是非常重要的第一手资料。几年前，我班级有一个成绩优秀的男孩，后来几次被家长发现深夜溜出去上网打游戏，我做了观察记录，根据每次家长跟我沟通的打游戏时间上推断，不是一般意义上的迷恋网络游戏，而应该跟心理压力有关，因为这几次半夜溜出去上网，都发生在距离大型考试两周左右的时间，也就是在复习备考阶段发生的。是不是这个成绩优秀的孩子，内心承受的压力比别的孩子大？除了希望考出好成绩之外，是不是还承受着其他的压力？如我不能被别人追上？

后来的倾听和沟通证明我的推论是有依据的。孩子本来就会自我加压，面对成绩一直优异的孩子，家长往往在考前准备阶段采取鼓励的方式，比如，物质上的极大丰富和各种满足，但是孩子懂得这些满足都是以获得好成绩为目标的；或者家长们会有言语上的激励和信任：你是最棒的，别人都不是你的对手，你最大的敌人就是你自己，只要自信，好好准备，就一定能取得好成绩。这样的鼓励在这样敏感的阶段，需要辩证分析其作用。

此时孩子首先需要有人倾听他的心声，他的紧张心情需要家长同理心面对，让孩子觉得家人其实跟我一样，每个人面对考试的时候都会有这些情绪，是很正常的，这是舒缓压力的第一步；其次，找到孩子的优点进行有针对性的鼓励才会激发孩子的自信心。比如说，你这段时间英语听力有进步，阅读分析的准确率也提高了很多，平时训练的作文分数和老师的评语也比开学初好看很多，看看自己究竟是采取了哪些方法，这些经验真的值得在复习阶段好好运用，这也是考试中提高得分率的好办法呢。寻找孩子身上真实的优点去激活自信，充分利用孩子已有的成功经验去巩固复习成果，这些都是不错的方法，这均比单纯地给压力来得实在，来得有效。

紧张情绪，适度亦可

还有的家长为了帮孩子减压，经常会安慰孩子：用平常心面对考试就可以，不用太纠结。但是家长自己保持平常心了吗？如果你的焦虑被孩子看在眼里，他如何能做到平常心面对复习备考和考试？所以家长自己的心态也很重要。家长的焦虑往往表现在努力帮孩子做很多其实他自己就可以做好的事情上。亲爱的读者，你知道吗？孩子自己准备考前的文具资料，其实本身就是一个心理暗示和减压的很好的方式，家长可以提醒孩子在准备阶段列出一张清单，然后注意检查就好。而不需要反复叮嘱，这时候反复叮嘱就起到了"百上加斤"的副作用，会加剧孩子的焦虑和紧张。

在这里，付老师提醒家长，其实，孩子适度的紧张是比较正常的状态，包括考前复习阶段孩子会面对比平时多的课业负担，这都是正常的，家长不要把你的心疼表现出来，这是每名考生都需要做的必要准备，孩子在这个充分的准备过程中其实也是自我心态调整的过程。这就类似运动员在进行正式比赛前的热身一样，适度的压力能激活一部分内心的力量和勇气。

切莫负面心理干涉

说到这里，付老师其实还想提醒各位家长朋友，比如，每天早晨在电梯里、街道上遇到背着书包上学的孩子，大人们的做法往往是表达心疼：作孽啊，这么早孩子就出来去读书了；作孽啊，这么重的书包，现在孩子的课业负担好重啊。其实这些话对孩子来说都是有害无利的，本来早晨是孩子元气满满、充满希望开始一天崭新的学习生活，这些成年人的话却起到一个很恶劣的心理暗示作用：读书好无趣，我好可怜。还有一些指责：我们怎么就不能像国外那样寓教于乐呢？为什么不能给孩子们减负呢？如果大家了解国外的基础教育，就会发现，这个说法是不准确的。维克多的女朋友在美国读了四年的私立高中和四年的大学，他们经常笑着说："谁要是说在美国读书有多轻松，我们就想咬他。"

美国公立学校制度宽松，但是培养目标和学风估计是国内家长无论如何都不会接受的。如果希望孩子接受比较好的高等教育，基础教育阶段的学业压力没有我们期待得那么轻松。从另外一个角度来说，让孩子学会接纳和从容面对生活和学习中的压力和挑战，也是培养良好心态和意志品质很重要的功课和途径。

珍贵的"苦日子"

其实，我们成年人都会怀念自己读书的时光，那些所谓吃苦的日子，也是我们一生的一笔财富，怕孩子吃苦，又想有好的未来，这种纠结就会加剧家长的焦虑。有时候，家长的焦虑源于对家庭教育的不自信。对孩子缺乏充分的了解，对未来期望值太高，这两者之间的差距会让家长采取很多无法评估效果的做法，但是坏处就是会伤害孩子对学习的热情和主动精神。

比如，复习备考阶段，家长会帮孩子制订复习计划，甚至报各种补习班，以期取得好成绩。这些计划都是家长想出来的，哪怕符合孩子的实际情况，但是计划制订过程中孩子没有足够的参与度，那么孩子会把它当成额外的任务来面对，甚至是排斥和抗拒。同样道理，给孩子选择各种补课班更要慎之又慎，市场上各种机构良莠不齐，浪费钱财倒还是小事，我更担心的是浪费孩子的时间和精力，并且高强度的补习会让孩子疲于应付，反倒是收效甚微，甚至适得其反。

复习备考是一个技术活

每门学科都有自己的逻辑体系，需要孩子跟着老师的节奏，进行有针对性的复习和准备。课堂效率和课后整理显得十分重要，如果有什么问题，尽量让孩子自己跟任课教师沟通解决，无论哪个学段的孩子，学会跟任课教师交流沟通，其实是高质量的状态，老师在解答问题的同时，会进行基本的心理疏导和方法指导。

家长只要保证孩子基本的生活必需品就好，比如，营养丰富但相对清淡的饮食，家常的水果品种，千万不要在考前尝试一些孩子平时没怎么接触的比较贵重的食材，有些过敏体质的孩子会对很多东西有反应，也尽量不要穿新衣服新鞋子参加考试，我曾经在监考的时候看到一个孩子因为新衣服的商标摩擦脖子一直心神不定，一直到我帮他拿掉那个商标，孩子才专注答题。总之，吃家常的食物，穿熟悉的衣服，比如，每天都穿的校服，用近阶段使用过的文具，这些构成一个比较稳定熟悉的小环境，有利于孩子情绪的稳定。

了解孩子的生理周期，如果恰恰是在考试期间，做好准备工作，包括合理的饮食，千万不要迷信所谓偏方提前或者推后，这都会造成孩子身体的不适。生理周期的孩子尽量不要吃巧克力或喝冷饮，因为这样会增加经期偏头疼的概率。

每年大考的时候都有关于考生因为迟到不能进入考场的相关报道。我去年高考送考的时候，也看到了一个没穿校服的考生第一场语文迟到，由于没有穿校服，在场的所有送考老师又都不认识她，所以当时我们判断可能是社会报名的考生，但是还好，还在允许进入考场的时间范围内；第二天又是这个考生，外语考试迟到，那么就没办法进入考场了。在场的所有人一方面很替考生着急痛心，但是也有疑虑：昨天就已经迟到了，今天怎么会不注意考试时间的要求呢？关于考试时间的规定和要求，交通出行安排等细节，是家长一定要熟悉的，每年其实我们都会提醒考生考前要去一次考场附近看看，目的就是了解清楚路线，选择适合的出行方式，把各种可能的情况都想清楚，如果真的在路上遇到麻烦，请家长第一时间跟路上的警察取得联系；如果是准考证之类证件出现问题，一定跟送考老师取得联系，老师们都有相应的办法解决，而不需要考生马上返回家中拿。这些应急预案是家长需要了解和掌握的。

无论多重要的考试，其实都是一次历练，一种成长，带着积极的心态跟孩子一起面对，不用成绩作为衡量孩子的唯一标准，平时良好的亲子沟通，和谐的家庭环境，这些都是给孩子最好的考前心理辅导。

小哈有感

对于考试季，你是否发现孩子随着日子一天天逼近而变得越来越紧张了呢？而作为家长的你，是不是也觉得越来越难以保持一颗平常心了呢？其实考试带给孩子乃至家庭的紧张情绪是正常且有益的，只要控制好自己，不要任其发展为焦虑情绪就好。

在本期文章中，付老师为我们提出了不少考前准备的注意点与好方法，经过如此系统的梳理，各位读者是否发现了并反思自己与孩子之前在做考前准备时的足与不足呢？

针对孩子的优点进行激励、正视适度的紧张情绪、避免负面的心理干预……往往决定考前准备质量的都是这些生活中的心态与小细节，在做好准备以后，考试其实就是对平日学习的一种检验。不过父母和孩子也要清楚知道的是：成绩并非衡量孩子的唯一标准。希望本文能够帮助大家掌握"复习备考"这门技术活！